同和利権の真相①

寺園敦史＋一ノ宮美成＋
グループ・K21　編著

宝島社
文　庫

宝島社

同和利権の真相①

文庫版のためのまえがき

「タブー」崩壊のはじまり

一九四五年一〇月、戦前の部落解放運動組織・全国水平社の旧共産主義派幹部たち、すなわち朝田善之助、松田喜一、上田音市、野崎清二が、戦後の部落解放運動再建の協議のため、初めての会合を開いている（同年八月開催の説もある）。

場所は三重県志摩にある、当時遊廓の島として有名だった渡鹿野島《わたかのじま》だった。記念すべき「部落解放」の再出発の場所が買春島だったとはいささか情けなくもあるが、これより半世紀以上経った今日、彼らの後継者たちが公金を喰らって高級温泉旅館でコンパニオンとともに「学習会」という名の大饗宴を年中行事としていることを知れば、嘆くほどのことでもないのかもしれない。

翌四六年二月、上記四人らが中心となって部落解放全国委員会が京都で設立される（五五年に部落解放同盟に改組）。当初は部落の実態があまりにもひどかったため、ほとんど目立つことはなかったが、早くもこの時期より組織の一部幹部は行政と癒着することにより利権を手にしていた。すなわち、表向きいくら高邁なスローガンを掲げていようと、戦後の解放運動が純真無垢だったことは一度もないのだ。

六九年の同和対策事業特別措置法（同特法）施行によって運動の利権体質化は促進され、組織内外の反対派は暴力によって粉砕されていく。七〇年代後半あるいは八〇年代前半以降、部落の実態は大きく向上したにもかかわらず、逆に同和対策事業が肥大化していった。もはや運動の利権体質化というより、運動イコール利権そのものと化していったのである。悪党どもに幸いあれ！　そんな哄笑が運動のそこここから聞こえてきはじめたのがこの時期だろう。

そして二〇〇二年三月末の同特法体制の終結を迎え、利権を保証し続けた法律が消えても、少なくとも運動団体が強力な影響力を維持する自治体においては、その哄笑はいまだ途絶えることはない。

◆

本書の初版は同特法が完全失効する直前の二〇〇二年三月、刊行された。あまたの犯罪の舞台となった同和行政が終結するというのに、解放同盟はもちろん、彼らの主張と運動を援護し続け、結果的に暴走に加担してきたマスメディアさえもがろくな総括をすることなく、素知らぬ顔ですり抜けようとしている現状に、微力でも抵抗しておこうという動機からのものだった。

正直言って我々執筆者も驚かされたのだが、本書の反響は強烈だった。連日のように激励の葉書やメールをいただいた。大阪府内のある書店では、行政職員が本書をまとめ買いしていったという話も聞いた。編集部には直接、告発の電話もいくつか入った。

我々はいずれも「同和取材」を長年続けてきた者だが、こんな反応は初めてだった。同和行政が終わろうとする時期になって、ようやく「同和」をめぐる不正を公然と語ることがタブーでなくなる端緒を開くことができたのではないか、と密かに自負している。

とはいうものの、特別法がなくなって一年経った今も、「同和利権」はまだ健在である。肝心の解放同盟も弱小県連はともかく、関西などの主要な組織では、行政に対する影響力を保持している。同和行政は「人権行政」に名を変え存続し、利権は法の有無とは無関係に行政内部に根を下ろし続けている。本書で詳細にレポートした「同和利権」は、その多くは今もまだそのままと言ってよいだろう。彼らの哄笑が聞こえる限り、我々も闘いをやめるわけにはいかないのである。

二〇〇三年八月　編著者一同

まえがき

部落解放同盟という〝ジョーカー〟

二〇〇二年三月、ひとつの時限法がその効力を完全に失う。同和対策事業特別措置法、略して「同特法」と呼ばれるこの法律が施行されたのは一九六九年。以降、節目節目で法律の呼称は変化してきたが、三三年前に始まった同特法を根拠に、これまで同和地区と地区外との格差を是正するための同和対策事業に、巨額の公金が投入されてきた。

同和対策事業が、部落問題を基本的に解決するうえで大きな効力を発揮してきたのは確かだろう。しかし反面、それは底なしの利権、腐敗を生み出す「犯罪誘発装置」と呼ぶべき、おそらく世界に例をみないだろう特異な〝システム〟を生み出してきた。

この利権と腐敗の「核」として常に介在してきたのが、部落解放同盟である。

たとえば、ここ数年だけをざっと見渡しても、次のような事件が起こっている。

高知県では、解放同盟県連とその威光をかさに着た一民間業者によって、同和対策事業が詐欺の道具に使われ、二六億円以上もの公金が闇へと消えた。あるいは京都市では、過去六年間で、覚せい剤などの禁止薬物事件の当事者として一六人もの市職員が逮捕、起訴される異常事態が続いている。その背景には、解放同盟などの運動団体に人事権の一部を委譲する採用制度がある。三重県では、県立高校での同和教育をめぐるトラブルで、校長が自殺に追いやられているが、解放同盟県連とその配下にある県教委、教員たちがそこに介在していたのは明らかだ。

しかし、こうした事件がメディアで大きく報道されることはまずない。たしかに、高知の例は大々的に報じられたが、解放同盟の介在があったからこそ成立した事件だったという〝核心〟にまで言及したのは、地元紙を除けば皆無だ。

部落解放同盟とは、思えば奇妙な組織である。メディアなどの公の場では、彼らはいつも、今なお厳しい差別に遭い続ける「部落民」の代表であり、部落解放に向けて日夜邁進《まいしん》している人権活動家集団であり、不正とはもっとも遠い地に立つ存在として語られる。

一方、この団体について具体的な知識を持つ人ほど、その裏の顔（あるいは素顔）が、実は公のイメージからはほど遠いものだということを知っている。高知県知事の橋本大二郎は、前述の事件を受けて、「本来弱い立場の方のための運動が、あたかも強者の運動かと見間違うような動きが出てきた」と指摘している。これは高知県に限ったことではなく、おそらく各地の行政関係者の本音でもあるだろう。私たちもまた、取材の過程で、多くの行政関係者、解放同盟の糾弾にさらされた人、ときには同盟員自身から、同様の嘆き、悲鳴を聞いた。

◆

六九年に同特法が施行されてからというもの、この三〇年の間に投じられた同和対策事業費は、総額で約一五兆余円にのぼる。この巨費が、三六府県四五三三の同和地区約二一五万人の住民を対象に使われていた、といわれている。

だが、このうちのどれだけの公金が、本来の意味で住民のために使われたのかは疑問だ。部落解放同盟は、同特法施行直後から全国の自治体を文字どおりの暴力で屈服させ、自分たちを、同和事業の唯一の受け皿団体として認定させてきた。俗に「窓口一本化」と呼ばれるものだが、このシステムは、その後長く、多くの自治体で維持されることになった。まさにこの「窓口一本化」こそが、解放同盟の利権そのものだった。その間、組織内外の反対派を暴力と脅しで粉砕し、利権システムはより強固なものになっていく。

先の高知県知事の指摘は、二六億円余りもの公金を奪われるという抜き差しならないところまで追いつめられたからこそ、口にできた本音である。そんな特殊な事情でもないかぎり、本来、自治体首長に許される言葉ではない。それは首長や行政関係者だけでなく、マスコミについてもいえることだろう。

なぜか。端的に言って「怖い」からである。糾弾にさらされるのが怖いと怯《おび》える人もいるだろうし、彼らから「差別者」の烙印を押されるのが怖い、と感じる人もいるだろう。

その批判が妥当なものであるなしに関わりなく、解放同盟と同和行政に対する批判者は、「部落差別を助長する者」として、猛烈な攻撃にさらされる。解放同盟の気にさわる言葉を使っただけでも、延々と集団でつるし上げられてしまう。

「被差別者の代表」と自称する人たちから、「お前に、俺たち差別された者の痛みがわかるか！」と責められれば、ほとんどの人は黙らざるをえない。部落差別は許されない。これを解決するのは社会の責務だ、という誰も否定できない命題があるゆえに、解放同盟の言う「痛み」やそれに基づく要求事項は、あたかもトランプの〝ジョーカー〟のような、切り札となる。要求を飲むことが、彼らの言う「痛み」をやわらげることにつながるのかどうかなど、もはや問題にはならない。

こうなると、誰からの批判も受けない運動団体が、密室状態の中で、巨大な「パイ」＝同和対策事業を独占すると、いったいどんな状況が生まれるか、容易に想像がつくというものだ。

しかし、不正が横行したにもかかわらず、同和対策事業の結果、同和地区の状況が一変したことは事実だ。住宅、上下水道などの環境は大きく改善し、住民の経済水準、教育水準も、地区外と比べて大きな差はなくなった。なにより、「部落」を理由とする差別自体、ほとんどなくなったと言っていいだろう。

地区内外の「格差」がなくなれば、「格差」是正を目的に始まった同和行政は、当然縮小、終結に向かうはずだった。だが、「格差」が大きく是正された七〇年代終盤以降、とくに、解放同盟の影響力の強い自治体では逆に、事業が肥大化していく。一度握った利権を「既得権」にするため、自らの「被差別性」をことさら強調し、事業の継続を行政に迫っていったのである。解放運動が一種の「えせ同和」路線に転じた時期である。そのあまりに根深い矛盾は、具体的な事件になって、八〇年代から九〇年代にかけ、各地で噴出していった。

◆

同特法は当初、七九年三月で終了する時限立法として制定されたが、結局、いくたびか延長され、あるいは名前を変えて、三三年間続けられてきた。

私たちもそうだが、このまま〝万歳しながら〟法律の失効を迎えることには納得できない、と考える人びとも多いにちがいない。はっきりカタを付けなければならないことが、まだ残っている。同和行政をめぐる利権と暴力。運動団体の中でもっとも長い歴史をもち、もっとも深く同和行政に関わってきた部落解放同盟の闇の部分に光を当てなければならない。

「差別」「人権」をネタに、行政に圧力をかけ、たかり、巨額の公金を喰らい、その過程で、人を傷つけ、ときには死に追いやってきた連中がこのまま逃げおおせるのを、指をくわえて見ていなければならないのか。また、彼らの主張と運動に、今日に至ってもなお賛辞を送り、あるいは容認し続けている人たちの責任を問わなくてもいいのか。

私たちが本書で追跡できた事件は、その全体像のごく一部を形成するにすぎない。だが、これらの事件に関するだけでも、実に数百億円もの公金が闇に消えてしまったことになる。

部落解放同盟とは何か。部落解放のために闘う組織として設立されたことは確かだが、そのスタート時から行政と一部幹部とが癒着していたため、将来の腐敗の芽を元から内包していた。さらに、ある時期は、体制側から反対派を抑えるための「総会屋」のように利用され、またある時期には、逆に行政機構をコントロールする存在でもあった。遅くとも七〇年代以降の解放同盟は、もはや被差別者のための運動ではなく、俗世間の「権力」に変貌したと、私たちはみている。

◆

本書の執筆のために取材を始めたのは、ちょうど一年前だった。このテーマに関しては一定の知識を持っているつもりだったが、数十年という単位でこの組織がやってきたことを改めて辿ってみると、その規模の大きさ、システムの巧妙さ、方法の大胆さ、そしてその闇の深さと自浄能力のなさについて、取材の途上で何度もうならされた。同時に、いまだ社会的な批判をろくに受けることなく、何食わぬ顔で行政の動向を左右する地位に陣取り続けている事実に、新たな憤りも覚えた。
解放同盟はまさに、戦後史最後のタブーである。

二〇〇二年二月　編著者一同

同和権利の真相①＊目次

第4章　「人権ビジネス」のゆくえ

第1章

報道されない「事件の核心」

【自治体の〝金庫〟を牛耳った〝解同人事〟】

高知県「26億円不正・ヤミ融資事件」その陰の主役たち

寺園敦史（ジャーナリスト）

橋本大二郎知事の一見さわやか、かつオープンなイメージに代表される高知県で、行政の腐敗した実態が次々と明るみに出ている。その象徴が、一私企業に対する二六億円を超える不正・闇融資事件だろう。この事件は二〇〇一年春、元副知事ら県幹部五人が背任容疑で逮捕・起訴されるに至り、全国的な関心を集めた。県民にはもちろん、議会にも、そして知事にすら明かされることなく、巨額の公金が県庁ぐるみで不正に融資され続けたという異様な事件だった。

事件の背後には何があったのか。県幹部職員が逮捕された後、橋本知事は県内六カ所で、県民を対象とした事件報告会を開いている。そのなかで、知事は今後の反省点としてこんなことを述べている。

「その一つは、同和団体といった特定の団体およびその幹部や、特定の個人と県行政との間の癒着とも言えるような関係、これを断ち切っていくということでございます。とくに昭和四〇年代に同和対策特別措置法という法律ができて、お金とこの運動とが絡み合うようになった時点から、運動の質は、かなり変わってきたのではないかと思います。本来弱い立場の方のための運動であったものが、あたかも強い立場の、強者の運動かと見間違うような動きが出てきた。また、それを受け止める県行政の側も、そうした力に押し流されるような傾向が出てきたのではないかと思います」

事件は、長年にわたって堆積した同和対策事業のウミが一挙に吹き出した結果だった。地元紙以外のマスコミは、真相についていまだにほとんどふれていないが、ある面で、解放同盟高知県連幹部たちこそが、この事件の「主役」だったともいえる。「解同」「同和」の名を耳にしたとたん、半ば自己催眠状態に陥り、破局に向かって迷走し続けた行政の足跡を追った。

発端は部落解放同盟の要求から

一九九六年五月、高知県南国市の小高い丘の上に、薄いピンクの鉄筋コンクリート二階建ての縫製工場が完成、操業を開始した。協業組合モード・アバンセ（以下、モード社）である。理事長は安原繁（当時、以下同）。

操業開始直後、モード社副理事長はこう話していた。

「大手アパレルメーカーとの加工賃受注の商売から脱却し、自社製品を売るという姿勢をもつ。九六年度は年商一七億円、五年後までに四五億円規模にする」

モード社は、そもそも高知県の同和対策事業の目玉として設立された協業組合（注1）である。土地取得費、建物・設備費などを含めた一四億四〇〇〇万円は、国の同和対策事業である地域改善高度化資金制度（注2）を活用し、県が貸し付けた。県内同和地区では縫製業が盛んで、協業組合であるモード社に加入した六社のうち、三社が地区内企業だ。

敷地面積約一万七〇〇〇平方メートル、従業員四〇〇人、最新鋭の機械と設備をもつ県内最大、中国四国地方でも有数の縫製工場の誕生――のはずだった。だがこの会社、実は操業前から事実上、倒産していたのだ。

一四億円以上もの行政の援助を受けながら、何もしないうちに破綻するという奇妙な事態に陥った背景については後述するとして、まずはモード社設立までの経過について、簡単に見ておこう。

九二年二月、部落解放同盟高知県連の代表者会に出席していた県同和対策課職員が、県連書記長、書記次長および縫製会社社長の安原（のちのモード社理事長）から、大規模な縫製センターの設立について相談された。解放同盟はこの二年前から、毎年の対県交渉の場で、県内同和地区の縫製工場を高度化するよう要求していた。同年九月、県は、解放同盟の県連書記次長、安原らに対して、いったんは設立は難しいと回答したものの、書記次長らとのやりとりの末、協同（業）組合をつくり、国の高度化資金貸付制度を受ける方向で動き始めることになる。そして、九六年三月、高度化資金貸付契約を締結、九六年五月のオープンに至る。

その実現には、当初から部落解放同盟が関わり、モード社の役員にも同盟の県連委員長と副委員長が就任。とくに委員長の竹下義喜は、自分がいかにこの事業に貢献したかを、県同和対策審議会の席上、盛んに吹聴している。安原は一九六〇年代終わりごろ、のちの解放同盟県連委員長・竹下義喜に請われて大阪から高知県高岡郡中土佐町に移り住み、縫製工場を開業していた。県連が縫製工場の高度化を県に要求した時期、県同和縫製企業協議会の会長を務めている。安原自身は同盟役員ではないものの、竹下ら幹部とは昵懇《じっこん》の仲であることは、関係者にとって周知の事実だった。

しかし、この計画には実現を危ぶむ声があった。当時は、海外からの安い製品の大量流入により、国内のアパレル産業が苦況に立たされていた時期だった。それに加えて、県経営流通課で同社の経営診断を担当していた職員も、「グループの経営能力に問題がある」「こんな企業に公金を投入して大丈夫か」という危惧を抱いていた。のちにその職員は、「上司にそう報告したが無視された」と、真相究明のために設置された県議会百条委員会（注3）で証言している。

モード社のメインバンクである高知銀行の判断は、もっと厳しいものだった。同行役員は、同じく百条委員会に次のような文書を提出している。

「モード社の現状を考えると、生き馬の目を抜くようなアパレル業界のなかで勝てるわけがないと思い、担当支店長にはモード社とは接触しないように伝えた。九五年一月、安原氏が融資の依頼に来たときに、最終的に『うちはようやらん』と直接伝えた」

役員によると、モード社を支援するつもりがないことは事前に県商工政策課の担当者に伝えたというが、県はこれも無視している。

最初から穴の開いていた〝バケツ〟

モード社理事長・安原は、実は自らの負債を清算するために、当初からこの高度化資金貸付制度を利用して公金を詐取しようとしていた。

最初にそれに気づいたのは、提出書類を精査していた県商工政策課職員だった。モード社が操業を開始した九六年五月のことだ。高度化資金貸付を受ける条件を満たすために必要だった出資金四億八〇〇〇万円が、実はモード社の社屋を建設した建設会社によって用意された「見せ金」だったという証拠をつかんだのだ。

この職員は商工政策課長に「高度化資金は貸せません」と報告したが、課長は「ここで倒産させるわけにはいかんやろ。政治的な判断が必要なときもある」と突っぱねた。商工政策課の聴取に対して、安原自身も「見せ金」だったことを認めたというが、課長は不正を黙認する選択をしたのだ。

翌月には、安原は県商工政策課に「資金がショートした」と支援を要請してきた。高度化事業制度を適用する際、中小企業事業団と県からは、元の会社の負債をモード社に持ち込まないよう繰り返し指導を受けていた。ところが、安原はこれを無視、自身の縫製会社が抱える負債六億五〇〇〇万円をモード社の経理に組み入れてしまっていたのだ。

ここから県は異常な行動に走りだす。安原とモード社の不正を公表し、貸付金の返還を求めるのではなく、事態が露見するのを恐れ、逆に倒産をくい止めるために新たな融資を準備し始めるのである。

金融機関から、モード社への支援をけんもほろろに断わられた県は、九六年九月、県がモード社に直貸《じか》しすることを決断する。そのための新たな融資要綱「地域産業高度化支援資金制度」をつくり、同年一二月までに合計一〇億円余りをモード社に融資した。この制度はモード社だけしか融資の対象となりえない内容で、一般にはもちろん、議会にも知事にもいっさい公表されない闇融資制度だった。財源は予算から流用

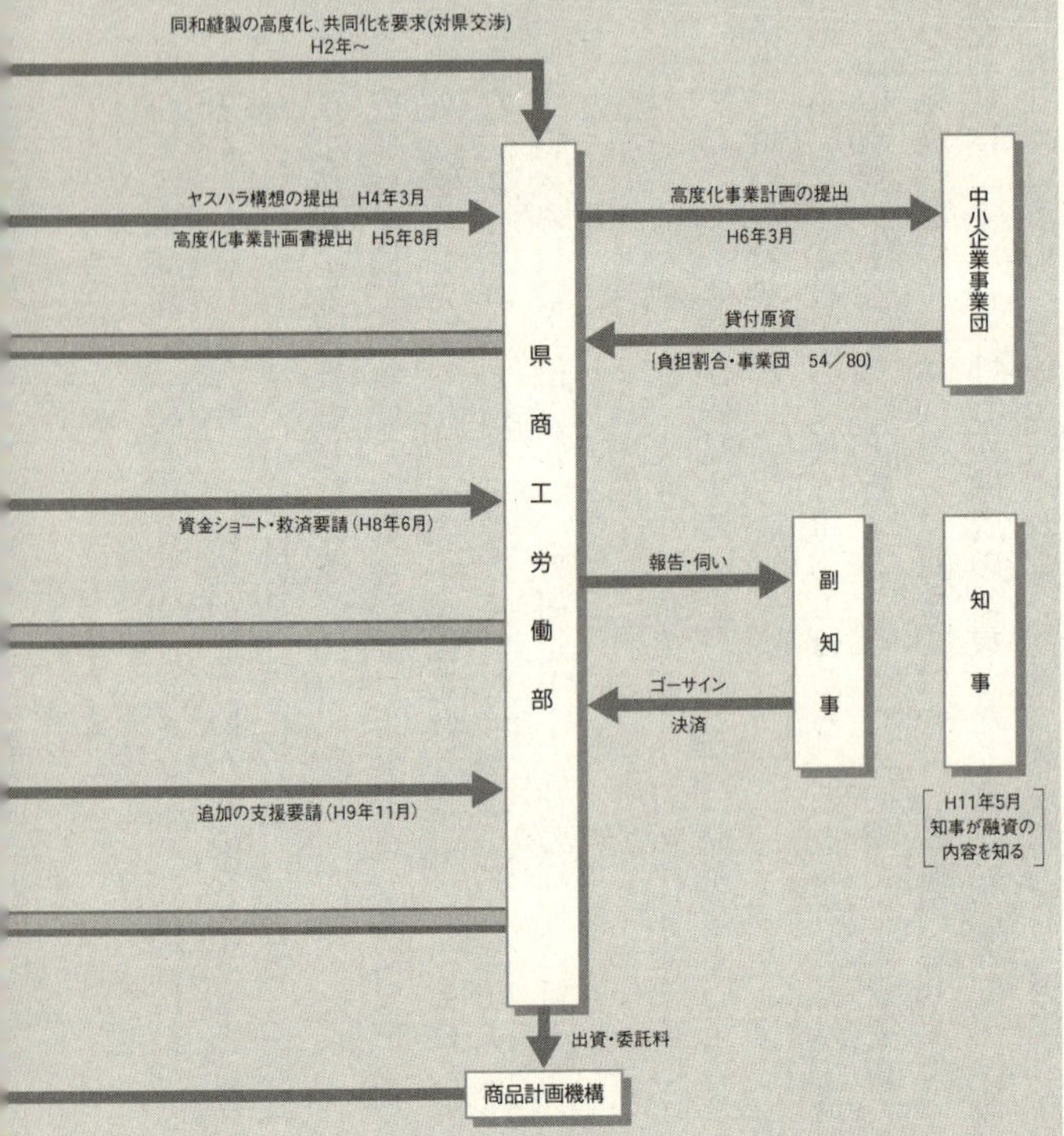

(出典)「特定の協業組合に対する融資問題等調査特別委員会報告書」(高知県議会)

◆「モード・アバンセに対する融資問題」の関係図

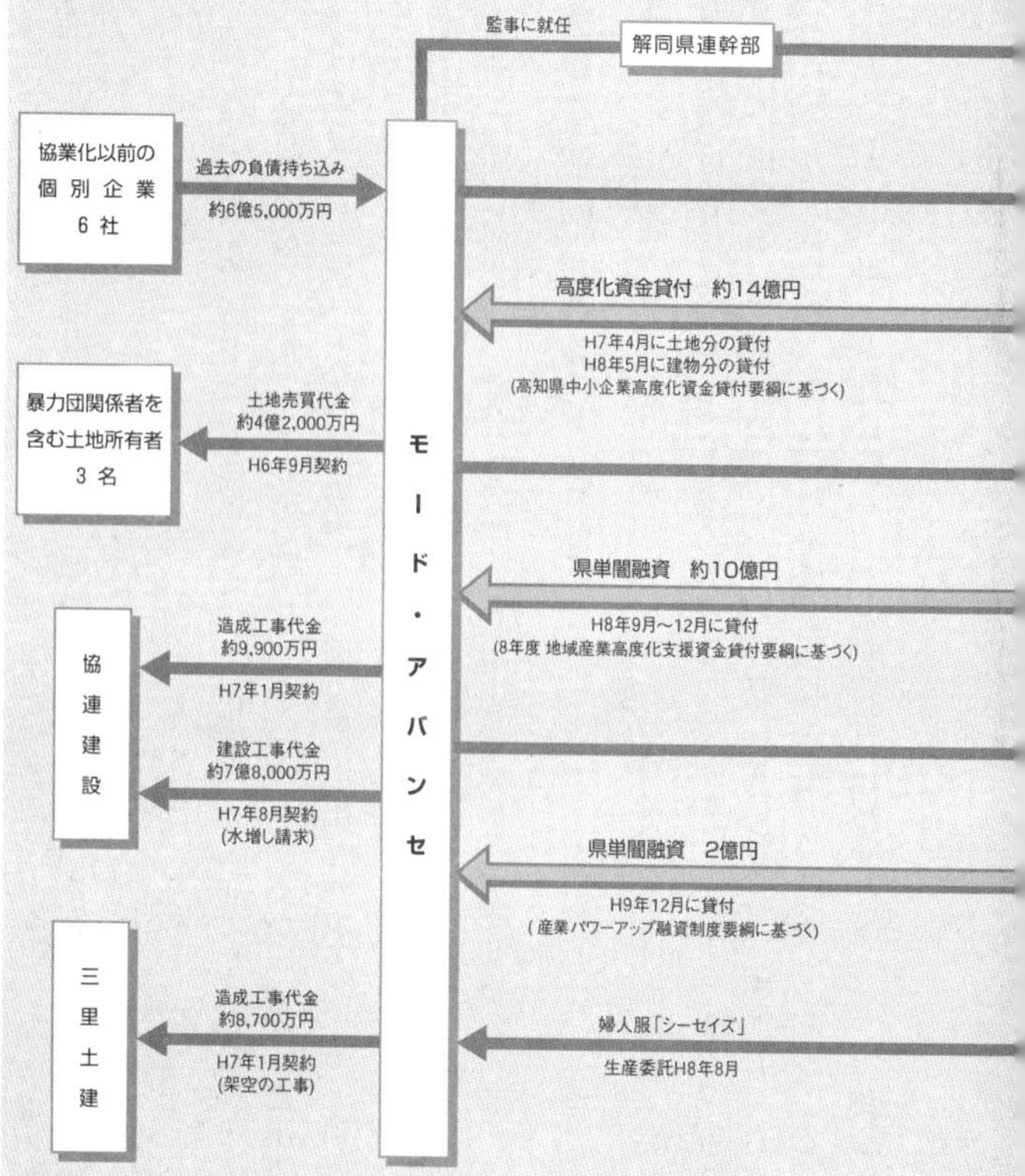
監事に就任
解同県連幹部
協業化以前の
個別企業
6社
過去の負債持ち込み
約6億5,000万円
高度化資金貸付　約14億円
H7年4月に土地分の貸付
H8年5月に建物分の貸付
(高知県中小企業高度化資金貸付要綱に基づく)
暴力団関係者を
含む土地所有者
3名
土地売買代金
約4億2,000万円
H6年9月契約
モード・アバンセ
県単闇融資　約10億円
H8年9月～12月に貸付
(8年度 地域産業高度化支援資金貸付要綱に基づく)
協連建設
造成工事代金
約9,900万円
H7年1月契約
建設工事代金
約7億8,000万円
H7年8月契約
(水増し請求)
県単闇融資　2億円
H9年12月に貸付
(産業パワーアップ融資制度要綱に基づく)
三里土建
造成工事代金
約8,700万円
H7年1月契約
(架空の工事)
婦人服「シーセイズ」
生産委託H8年8月

した。

翌年、モード社以外の特定癒着業者にも闇融資できるよう、先の「要綱」を「産業パワーアップ融資制度要綱」に改定。この年も、モード社に二億円の追加闇融資を行なっている。

「本当にやるんですか。診断では債務超過です」「特定の一企業にすぎないモード社に、直貸ししてもいいんですか。予算を流用してもいいんですか」「底に穴が開いているバケツに金を突っ込むようなものだ。今回二億円出したとしても、再度資金ショートが起こる」

財政課長を中心に庁内にはこんな強い反対意見もあったが、最終的には副知事が闇融資実行を強引に押し通した。議会への報告を阻止したのも、副知事の判断だった。

融資を止めると「解同」が怒る!?

予算を流用して貸し付けている限り、モード社への貸付金が年度内に返済されないと、闇融資の事実は容易に露見してしまう。そこで県は「ころがし」という手を使った。モード社に、年度末の三月三一日に一日だけ県に完済させて、翌四月一日に再び貸し付けるという方法である。これだと決算上「収入未済」になることもなく、不正を隠蔽できる。しかも、モード社に代わって県が銀行に要請して、一日無担保の「つなぎ融資」をさせていた。それにしても県幹部らは、なぜモード社ともども地獄に突き進むようなこんな行為に及んだのか。

公金一四億円余りを投じてつくった会社が、操業前に倒産状態に陥っていた――狼狽《ろうばい》した県幹部職員らの頭にそのとき浮かんだのは、「部落解放同盟がやってくる！」だったのではないだろうか。モード社の安原と同盟県連とが深い関係にあることは、すでに述べた。のちに彼らは、こう供述している。

【都築弘一商工政策課長】県の指導が不十分で倒産したということになれば、県が同和地区の就労対策に真剣に取り組んでいないことになってしまう。解放同盟が怒って同和対策審議会の審議がストップし、大混乱してしまうと考えた。

【川村龍象商工労働部長】倒産させてしまえば、県議会や県民、解放同盟から、私はもちろん、橋本知事や、山本副知事、商工労働部が厳しい批判を受け、責任問題になる。

【山本卓副知事】議会、県民、同和団体に追及されるようなことがないようしたかった。

議会や県民の批判を受けることは当然だとしても、一様に部落解放同盟の名を挙げている。奇妙な心理状態だ。言うなれば県は、安原に騙された被害者であり、モード社設立を後押ししていた解放同盟の責任を問いただすべき立場にあるにもかかわらず、逆に追及されることを危惧しているのだ。両者の倒錯した関係を端的に示す供述である。

重くのしかかった同和行政の悪癖

闇融資の甲斐もなく、二〇〇一年五月、モード社は倒産した。県は同社からろくな担保も取らずに金を貸していたため、当初の高度化資金一四億四〇〇〇万円、闇融資の一二億円、合わせて二六億四〇〇〇万円もの公金の大半が失われることになった。

闇融資の事実は二〇〇一年三月、『高知新聞』の独自取材で判明、重大視した県議会は、百条委員会を設置、真相究明に乗り出している。調査の結果、次のような事実が明らかになった。

そもそもモード社は、同和対策事業の高度化資金貸付を受ける条件を満たしていなかった。貸付を受けるには、複数の企業が組合員となる協業組合をつくり、その組合員企業のうち、七〇%以上が同和地区企業でなければならない。また、特定の組合員企業の出資金が全体の二分の一を超えてはいけない、という規定もある。

ところがモード社加入企業六社のうち、地区内企業は三社のみ（五〇%）、また四社の経営者は事実上、モード社理事長の安原であり、出資金比率は二分の一を大きく超えていた（この金自体「見せ金」であったが）。また、モード社の所在地は同和地区ではなく、従業員にも同和地区出身者は皆無だったといわれている。事業の目的の一つである同和地区住民の就労対策にもなっていなかったのだ。

このほかにも、百条委員会の調査で以下のことが判明している。

モード社の工場用地約一万七〇〇〇平方メートルのうち、約九割にあたる一万五〇〇〇平方メートルを地元暴力団組長から三億六九〇〇万円で取得していたこと。県はその事実を事前に知っていた可能性が高いこと。土地の購入価格が法外に高く、架空の造成工事を行なったことにして、地域改善高度化資金を水増しして騙し取られていたこと。モード社の言い値で担保評価をし、二六億円余を融資していたこと。知事が闇融資の事実の説明を受けたのは三年も経った九九年五月だったこと、それ以後は知事公認のもと違法融資が継続されてきたこと――等々、県のずさんなチェックのもと、同和対策事業がさんざん食い物にされていた事実の証明となることばかりだった。

二〇〇一年四月一三日、百条委員会は橋本知事を証人として尋問した。事件発覚当初は「闇融資は、モード社四〇〇人の雇用を守るためにやむをえなかった判断」と釈明していたが、同委員会の証言で知事は、背景に「解放同盟との交渉が職員にプレッシャーになっていた。同和対策が重くのしかかり、判断に影響を与えた」ことを明確に認めた。

解放同盟の要求をいったんのんだからには、どうしても実現しなければならない。事業が当人の犯罪行為で破綻したにもかかわらず、「解同」という存在が重くのしかかることによって、今度は職員自ら共同して犯罪行為を重ねてしまう。同和行政の失態を隠すためなら、巨額の公金を穴の開いたバケツに突っ込むことも是とする。

おそらくこれは、運動団体の影響力がいまだ強い自治体共通の構図なのかもしれない。おびえと無責任と腐敗の連鎖――同和行政が本来の目的を失い、利権化・特権化した実態がここからは浮かび上がってくる。

モード社以外にもあった〝たかり〟の構図

モード・アバンセが設立される四年前、実は高知県では、やはり部落解放同盟のごり押しによって別の会社が操業を始めていた。

九二年九月、幡多郡佐賀町に設立、床面積約六八〇〇平方メートル、最新施設を備えたY水産加工会社（カツオの解体や塩干物などを製造）である。総事業費二〇億八〇〇〇万円は、国と高知県、佐賀町が同和対策事業として支出した。運営は地区住民らでつくる株式会社で行なうが、土地は県有地、建物は町有で、家賃は月額二〇万円。

さらに、運転資金をもたない会社のため、操業前から早くも町が一億五〇〇〇万円もの損失補償を行なっていた。構図はモード社と酷似している。

設立後も県、町を挙げてバックアップを繰り返してきたが、二〇〇一年七月現在、この水産会社は約一二億円もの負債を抱え、窮地に陥っている。

この事業は、解放同盟高知県連の強い要求の結果、実施されたものだった。水産加工会社の社長も、同盟県連副委員長で地元支部長の村越比佐夫が務めている。さらに、施設完成直後に行なわれた県水産局と解放同盟県連との交渉記録（県側が作成）を読めば、同盟がいかに県を支配下に置きつつ、この事業をごり押ししてきたかがわかる。

交渉は、すでに水産加工会社に設置した容量五〇〇トンの冷蔵施設に加え、一六〇〇トンと一八〇〇トンの冷蔵施設を追加購入しろと要求する同盟側が、何とか逃れようとする県側を追いつめるかたちで進んだ。

【水産局長】冷蔵庫の問題については、全体計画ができてない。ただし、基本認識としては、全体計画の実現に向け努力をしていくべきと考えている。

【書記次長】国がやらねば県でやるとの約束をしているが、これは守ってくれるのか。

【水産局長】実現に向かって努力することが責務と考えている。

【書記次長】努力は当然。問題は一六〇〇トン（の冷蔵施設設置を）国ができないと言った場合、県が責任をもってやるのか。この約束を守るか。

（約束の履行を迫る書記次長と、努力すると答える水産局長とのやりとりがしばらく続く）

【書記次長】言いたいことは、やることについては約束を守れ、ということだけ。一年でできないので三年でやらせてくれと水産局は言った。商品の売り先は確保しているので冷蔵庫がいる。

【水産局長】努力する。

【書記次長】約束は破算か。守れんなら日を変えて（交渉を）やろう。

【委員長】（国との）事情が変わって約束が守れないのか。

【水産局長】約束したあとの国の態度が大変厳しいことは事実。

【委員長】状況が変わっても、絶対に完成します、くらいのことは言わねばならない。

【水産局長】約束があったことを認めたうえ、守らねばいけない。

【解同側】それを初めから言え。言わなかったのは言ったら何を言われるかわからないという偏見があるからだ。

こういうのを、たかりというのではないか。モード社の破綻が明らかになったとき、県幹部職員らが「解放同盟に追及されることだけは避けなければ」と考えたことはすでに述べた。毎年、「交渉」と称してこのようなつるし上げに遭っていては、そう危惧するのも無理のないことかもしれない。

結局、高知県は県単独で二億四六〇〇万円を投じて、一〇〇〇トンの冷蔵施設を新たに整備させられている。

交渉ではさんざん偉そうなことを言っていた解放同盟だったが、Y水産加工会社は設立四年後には早くも経営に行き詰まる。社長を務める同盟副委員長自らが、「（自分は）資金とか制度とかには無知なんですわ。企業感覚なんかまったくゼロに等しい」（二〇〇〇年一〇月三一日の県議会百条委員会で証言）と言い放つほどだから、当然の結果だろう。

その後、県が金融機関に働きかけて新たな融資を繰り返し実行させたものの、経営状態は好転せず、現在、負債が約一二億円にまで膨らんでいるのは前述のとおりだ。

今になって県は、「法期限が迫っていたことから、販路等計画性の検討が充分でないまま県として事業採択した」と事業自体の誤りを認めている（同和対策の特別立法である地域改善財特法は、当初、九二年三月で失効することになっていた。しかし実際にはその後も延長を重ね、最終的な失効は二〇〇二年三月）。

ちなみに、くだんの一〇〇〇トン冷蔵施設の現在の稼働状況は「二〇～三〇トンと聞いている」（二〇〇一年八月の県議会産経委員会での水産振興課長の答弁）。

こんな運動と会社に肩入れし、巨額の公金を空費された自治体の住民は、不幸というしかない。モード社といいY水産加工会社といい、この一〇年だけで、解放同盟は同和対策の名のもとに、いったいいくらの公金を無駄に使わせてしまったのか。

解同・京都府連幹部にも、とばっちり？

ところが、この会社に途方もない援助をし続けている人物が京都にいる。解放同盟京都府連顧問の安田敏彦だ。安田個人で一億円、同人が役員を務める会社で一億三〇〇〇万円を融資、さらにはY水産加工会社の、銀行からの借入金一億円の連帯保証人にまでなっている。しかも、安田が保証人になった一億円のうち九五〇〇万円が二〇〇一年三月末で焦げ付き、七月に代位弁済した県保証協会から返済を迫られているのだ。

安田が保証人になったのは、高知県の強い要請によってであった。その際、京都までやってきた県海洋局次長は、「貴方様にはご迷惑をかけることのないよう対応いたします」と記した「念書」を差し入れている。ところが、続発する不祥事で世論の批判にさらされた県は現在、「県が債務を負ったものではない」（橋本知事）と態度を変えてしまっている。

行政に「騙された」かたちの安田だが、意外にも、さほど憤慨した様子を見せず、私の取材に対し、次のように語った。

「保証協会への返済については今のところ応じているが、今後どうするかは検討中だ。県から頼み込まれて名前を貸しただけなのに、今になって知らん顔されるのは納得できない」

また、高知県や佐賀町の対応のまずさも批判している。

「どうなっても行政が面倒みてくれるはずだと考えていた。行政はただ金を出すだけでなく、地区の就労対策、産業振興という、この事業の本来の目的を追求するよう、経営能力を高めるような援助もすべきだったと思う」

物と金とを要求するときは威勢がよいが、たちいかなくなると、すべて行政に尻拭いを要求する。高知も京都も、解放同盟幹部のメンタリティは似通っている。

町幹部にも個人保証を要求

話をモード社に戻そう。前述した県議会百条委員会では、県内自治体の元首長、元幹部も数人、証言台に立っている。とくに解放同盟県連正副委員長のお膝元、中土佐町、佐賀町の元幹部の証言は注目を集めた。

まず、前述のY水産加工会社問題で混乱に陥っている佐賀町前町長・吉門拓の証言から——。

「(昭和三〇年代の後半から同和行政に関わってきたが) 運動団体の影響力が最初の頃と終わりの頃とで非常に異なってきた。県の皆さんの対応についても、そういうことが言えるんじゃないだろうかという思いをもっている。県が運動団体の言いなりになる、そのような事例があまりにも多すぎるということは感じてきました。……(モード社に対する県の対応について) 県の財政、あるいは何よりも県民感情、認識、常識とあまりにも乖離《かいり》しているんじゃないかという思いをしたわけです」

水産加工会社設立も、町の意見抜きに強引に決められたという。

「二〇億を超える大きな施設整備でございますので、当時の町長も慎重な対応で保留しておったわけですけども、町の頭越しにほぼ話がまとまって、町は申請書を早う出さにゃいかんじゃないかというかたちで、なった」

解放同盟県連委員長・竹下義喜の地元、中土佐町から証言席に座った元人権対策室長・林勇作は、とんでもないことを証言した。竹下の娘婿も関係している町内の縫製工場 (前社長はモード社の安原) が経営危機に陥ったとき、「こういう状況になったのは同和対策としての行政の責任だ」として、竹下が町幹部にも個人保証を迫ったというのだ。

【林】竹下氏が要求したというか、話のなかで、私自身も怖いこと五〇〇万円の保証人になりかけて、（しかし）やっぱり私企業に保証するのはおかしいと、町長自身もわしゃようせんということで断わったわけです。

【委員】最終的に個人保証はいかんと町長が止めなかったら、林さんも自分もなっちょったかもわからんと。

【林】そう。もう嫁さんにも話して覚悟をしちょりました。

【委員】町長もよくこらえましたね。

【林】そうです。怖いもん。夜の会でつかみ合いのけんかになりよる場面もありました。

【委員】個人保証をするといったのは何人ぐらいおったんですか。

【林】一応行政から五人、運動団体から五人、一〇人で五〇〇〇万円ぐらい。六〇〇〇万円の資金があれば休業せずにいくという、いろいろ話が出ようなかで、保証人になっちゃったらどうなんやと。そしたら僕らもいま言うように、それはならないかんねえ、ということですが、やはり町長の判断が正しかったと思っています。


林は、竹下の県に対する影響力はどれくらいだったかという質問に対して、「かなり、知事ぐらいはやるんじゃないかと、私はみております」と言い、「（モード社のことに限らず）県の姿勢はなってないと思いますね。いかんものはいかん、おかしいことはおかしいと言うてやっちょったら、こんな問題は起こってないと思います」と、前佐賀町長同様、県の同和行政を痛烈に批判した。

百条委員会では、当の解放同盟正副委員長も尋問されている。しかし彼らの証言は、地元幹部のそれとは違って、だいたいにおいて「関与していない」「記憶にない」と、逃げの答弁に終始した。怒った委員会からは偽証罪にあたるとして、全会一致で告発されている（起訴猶予処分）。

二人は二〇〇〇年一一月、ほかの執行委員とともに「道義的責任」を取って辞職したが、彼らの口から県民に対する謝罪の言葉は、いまだに聞こえてこない。

日常的にあった「公費濫用の接待」「同和研修の強制」

解放同盟と高知県とがどんな主従関係にあるか、如実に示すエピソードを続けよう。

県のある管理職員が、こんな話をしてくれた。解放同盟県連委員長・竹下義喜の七〇歳の祝いや同盟中央副委員長の就任を祝う会に、県幹部職員が大挙して地元の中土佐町まで「参詣」したというのだ。

「当日はたしか平日の昼間だったが、一個人の個人的なお祝いに、管理職数十人が仕事を放って出かけたんです。異常な光景でしたね。私も上司の指示で、いやいや参加させられました」

両者の関係が深く歪《ゆが》んでいることを想像させる事実はほかにもある。接待漬けと呼ぶべき、公費での飲み食いだ。

九七年二月の定例県議会で、共産党の梶原守光は、九四年一二月から翌年三月までの四カ月間の、同和行政に関わると思われる食糧費の実態を情報公開条例を使って暴露している。

それによると、「同和行政懇談会」の名目で、県職員と解放同盟員、県同和対策審議会委員、県議らとの間で延べ二九回、約一二〇万円以上かけて飲み食いが行なわれている。場所は、料理屋、クラブ、スナックなど。うち「行きつけと思われる二つの高級クラブ」では、延べ一〇回計五〇万円をかけた「懇談会」が行なわれている。

また、これとは別に、「部落解放同盟との懇談会」「隣保館（同和地区内に設置された施設）関係懇談会」などの名目でも、延べ九回約四〇万円余りの接待があった。

合わせると三八回、一六〇万円以上。三日に一回の割合で、高級クラブや料理屋において、「同和」を名目にして、飲み歩いていたわけである。これは、あくまで四カ月間、各部局主管課に限定した数字だ。年間では、この数倍になると想像される。

物と金（事業）を要求する側とそれを執行する側がこのようなつきあいを繰り返し

ていて、何も不正が起きないはずがない。

二〇〇一年五月の定例県議会では、同じく共産党の田頭文吾郎が、県職員対象の「同和研修」の実態を明らかにしている。

それによると、九六年度だけで五六四回、延べ八五八四人参加の研修会が行なわれた。土日を除くと、毎日県内二、三カ所で同和研修が行なわれている計算になる。田頭によると、研修の講師選定も解放同盟の意向に沿うようになっており、「同和研修の押しつけは解同によるマインドコントロールと同義語だ」と言う。

加えて、同盟の県政に対する影響力の大きさを象徴するのが、「解同人事」とささやかれる慣例だろう。職員人事にまで、同盟が影響力を行使しているといわれる問題だ。

冒頭で紹介した「闇融資事件報告会」のなかで、橋本知事も「解同人事」の存在をほのめかしている。

「別の元幹部は、若い頃、こうした団体の幹部と県行政との関係というものに疑問を持った同僚の職員が、そのことを上司に言ったところ、後でその同僚が人事的に不遇な目を見た。こうしたこともあって、多くの職員は同和対策事業というものをかなり重荷に重圧に感じていたはずだということを申しておりました」

二〇〇一年五月の定例県議会で、共産党議員がこの発言をただした。依然、婉曲的な言い方ながらも、知事はさらに踏み込んで「解同人事」の存在を認めている。

「こうした話が職員の口から出ること自体、特定の団体に対して職員が感じていた重圧の証《あかし》ではないかと思います。また、たとえ直接の口出しではないにしろ、団体との間にトラブルを起こす職員を敬遠する傾向が組織のなかにあったのではないかと感じております」

知事を含め、二六億円余の不正・闇融資に突き進み、それを容認した高知県の異常体質の根元には、「解同人事」があった。


（文中、敬称略）

（注1）協業組合　中小企業者が、生産・販売などの事業活動について協業化を図ることで利益を増進することを目的とした法人。一部共同事業を行なう協同組合と違い、協業組合では組合企業各社は登記上、存在するものの、個々の企業活動は行なわない。

（注2）地域改善高度化資金制度　一定の条件を満たした高度化（中小企業が協業化、協同化して近代化を進めること）を行なう企業に対し、都道府県が必要な資金の貸付を行なう制度。中小企業総合事業団は都道府県に対し、その資金の約七割を貸し付けている（＝中小企業高度化資金貸付制度）。

（注3）百条委員会　地方自治法一〇〇条に基づき、地方公共団体議会に設置される調査委

員会のこと。議会が通常行なう調査と違い、百条委員会の証人としての出頭要請、資料提出請求には一定の強制力がある。また、証人が虚偽の陳述をすると犯罪となる。

参考文献

高知新聞編集局取材班『黒い陽炎――県闇融資究明の記録』（高知新聞社）

【元暴力団員も公務員!?「同和採用枠」のネジれた現実】

京都市役所はなぜ〈覚せい剤〉に汚染されたか？

寺園敦史（ジャーナリスト）

何度逮捕されても、次々と新たな覚せい剤使用者を輩出する職場がある。暴力団組員が関係する会社の話ではない。今まさに、京都市役所で起こっている現実だ。

同和地区内外の格差を是正するため始められた同和対策事業は、七〇年代中頃以降、地区の環境改善が大きく進んだにもかかわらず、逆に肥大化していく現象が生まれた。同和事業や制度が、運動団体にとって既得権化、特権化、利権化していき、部落解放同盟中央本部委員長をして、「部落解放が目的なのか、同和事業獲得が目的なのか、本末転倒の傾向があった」と嘆かせた。長年にわたり続いてきた逸脱は、市政全体にも弊害を生み出している。そのもっともわかりやすい事例の一つが、後を絶たない京都市職員によるスキャンダルだろう。「同和」の名のもとに、荒廃してしまったお役所の現場を報告する。

奇妙な啓発パンフレット

まず、京都市が作成した一冊の啓発パンフレットのことから話を始めよう。

「明るく元気な市役所づくり」と題されたこのパンフは、一九九八年七月、当時たび重なっていた京都市職員による不祥事への対応策として、「職員一人一人が、公務員としての自覚・倫理意識を高める」ために市が刊行し、全職員と関係業者に配布した。

中身は、「収賄」「横領」「秘密漏洩」など、公務員犯罪の典型をいくつか例示し、日常からの注意を促すものである（今さらこんな内容を徹底するために全職員にパンフレットを配らなければならないこと自体、市民からすると嘆かわしいが）。この中で当局は、一見、奇妙なことにも、職員の「自制」を促している。覚せい剤など禁止薬物の使用・所持は犯罪だからやめましょうというのだ。

「興味半分で始めたものの、数箇月後には中毒患者になり、身も心もボロボロに、また借金の山を抱え、地獄の苦しみを…という話は人ごとではありません」

警察が作った覚せい剤防止パンフならともかく、行政が職員の倫理向上を目的とした印刷物に、あえてこんな記述を刷り込まなければならないのはなぜか。実は「人ごとではありません」と当局自ら言わなければならないほど深刻な事態が、市職員の中に「蔓延」しているのだ。

一六人もの市職員が覚せい剤で逮捕

九六年度から二〇〇一年度（一二月末現在）までに、覚せい剤などの禁止薬物で逮捕・起訴された京都市職員は、私が確認できただけで、一六人にも上る。

その背景には、京都市の同和対策事業が深く関係しているのだが、そのことにふれる前に、市総務局が懲戒処分発令の際に作成した公文書記載事実や公判記録などをもとに、覚せい剤事件全一六件のあらましを紹介しよう。

【ファイル１】京都市清掃局（現・環境局）職員Ａ（三三歳＝当時、以下同）は九六年六月一二日、伏見区内のパチンコ店駐車場で、盗品であることを知りながら普通乗用自動車を購入した。七月一八日未明、当該車両を無許可で運転したことにより逮捕され、同二九日、盗品等有償譲り受けおよび道路交通法違反（無免許運転）の罪で起訴された。その後の調べで覚せい剤使用、傷害事件も発覚、それぞれ起訴された。

【ファイル２】清掃局職員Ｂ（三四歳）は九七年六月二一日、覚せい剤約〇・〇二五グラムを水に溶かし、自己注射した。同二五日、Ｂは錯乱状態で桂警察署に出向き、覚せい剤使用の兆候が見られたため、署内で尿検査を行なったところ陽性と判明。同日逮捕、七月四日付で起訴された。本人も覚せい剤使用を認めている。

Bは桂警察署に駆け込む日の朝、通勤電車の中ですでに「妻が拉致されている。助けなければ」という妄想に襲われていた。そういった状態のまま、いったんは勤務に就いていたと供述している。

【ファイル3】清掃局職員C（二九歳）は九七年七月一六日夜、西京区のテレクラ店で覚せい剤を自己注射した。その後、テレクラで引っかけた女性と市内のホテルに行き、翌一七日未明、錯乱状態で意味不明の言動を発したため警察に通報され、太秦《うずまさ》警察署に連行された。署内で薬物検査を行なったところ陽性と判明。同日覚せい剤取締法違反で逮捕され、同月二五日付で起訴された。本人も覚せい剤使用を認めている。

Cは覚せい剤使用の常習者だった。九七年四月から逮捕される七月まで約三〇回は使用し、とくに逮捕直前の五日間で七回も使用したことを公判で認めている。

【ファイル4】清掃局職員Dは九八年一月三一日午前九時三〇分ごろ、自宅において下鴨警察署により家宅捜索を受けた。このとき、覚せい剤一グラムおよび注射器が発見され、現行犯逮捕された。その後の薬物検査で覚せい剤使用事実も判明し、二月一〇日付で起訴された。本人も覚せい剤使用を認めている。

【ファイル5】交通局職員Eが九八年二月一六日、「禁止薬物使用」の罪により堀川署

◆薬物事件で逮捕・起訴された京都市職員数　(2001年12月末現在)

年度	人数
1996年	1人
1997年	4人
1998年	4人
1999年	1人
2000年	2人
2001年	4人
合計	16人

99年度の1件はコカイン使用
それ以外は覚せい剤の使用・譲渡事件

に連行された。堀川署に当該職員が覚せい剤を使用している旨の密告があり、堀川署捜査員が当該職員宅を自宅強制捜査、および本人の採尿検査を実施したところ、尿中から覚せい剤が検出された。本人も覚せい剤を使用していたことを認めている。

【ファイル6】環境局職員F（二九歳）は自宅で覚せい剤を自己注射し、九八年四月一六日、下鴨警察署において薬物検査の結果、陽性と判明、同日逮捕された。同月二七日起訴。本人も覚せい剤使用を認めている。

供述によると、Fが覚せい剤に手を出すようになったのは二二歳からだった。一時中断していたが、その後、およそ月に一、二回は使用しており、逮捕直前は週に一、二回の摂取になっていたという。

【ファイル7】環境局職員G（二七歳）は九八年八月一三日ごろ、自宅で覚せい剤を自己注射したことにより、同月二九日、覚せい剤取締法違反容疑で逮捕、九月九日付で起訴された。本人も覚せい剤使用を認めている。

Gの覚せい剤使用は、同年七月一六日に、近所にある隣保館（同和地区内に設置された京都市の施設）館長と職員に暴行を働いた容疑で八月一八日に逮捕されたことから発覚した。供述によるとGは、逮捕の三年前に市職員になったが、それ以前にもシンナー吸引の前科があり、元暴力団組員でもあった。覚せい剤を常用するようになったのは九七年からで、逮捕される前の数カ月は、一週間に一回は使用していたという。

【ファイル8】環境局職員H（三九歳）は九八年一〇月六日、右京区内の隣保館駐車場に停めた自家用車内で、覚せい剤〇・〇五グラムを紙カップのカフェオレに溶かして飲んだ。同月八日、西陣警察署による薬物検査の結果、陽性反応が出たため、同日逮捕された。本人も覚せい剤使用を認めている。

供述によるとHは、一七歳から約五年間、覚せい剤を常用していた。その後やめていたが、逮捕される一カ月前から知人の暴力団組員より購入し、再使用しはじめていたという。また、京都市役所に在職中から売人の組員が経営する会社でアルバイトをしたり、高校時代の友人と共同で、祇園でニューハーフの風俗店を経営していたことも明らかになっている。

【ファイル9】環境局職員Iは九九年三月二日ごろ、自宅で覚せい剤約〇・〇五グラムを自己注射した。同日、向日町《むこうまち》警察署の薬物検査の結果、陽性と判明、逮捕、同月一二日起訴された。本人も覚せい剤使用を認めている。

【ファイル10】環境局職員（休職中）J（四一歳）は九九年一一月五日早朝、同年一〇月一〇日ごろに大阪市内でコカインを使用した容疑で、逮捕された。同月二五日起訴。本人もコカイン使用を認めている。Jは、一〇月一一日に警察の任意尿検査で陽性反応が出ていたが、その後失踪。職場駐車場に停めた車の中で寝ていたところを発見された。

【ファイル11】環境局職員K（二二歳）は、二〇〇〇年一二月二九日深夜、中京区内の貸しホールにおいて、パーティの主催者（大学生）と争いになり、大学生を殴打し負傷させた。同三〇日午前二時に傷害容疑で五条警察署に逮捕された。その後の取調べで、財布にアルミホイルで包んだ覚せい剤〇・〇六グラムを所持していたことがわかり、二〇〇一年一月九日再逮捕、同一九日、覚せい剤取締法違反で起訴された。本人も覚せい剤所持、使用を認めている。

【ファイル12】環境局職員L（三一歳）は二〇〇一年二月一〇日、前年一一月一四日に覚せい剤を知人女性に譲渡した疑いで下鴨警察署に逮捕された。その後の調べで、覚せい剤の自己使用も判明し、三月一四日に起訴された。本人も覚せい剤使用を認めている。

【ファイル13】環境局職員Mは二〇〇一年四月一九日、前年七月末ごろに覚せい剤を使用した容疑で大阪府警水上警察署に逮捕された。本人も覚せい剤使用を認めている。

【ファイル14】教育委員会職員N（三八歳、女性）は二〇〇一年八月、同月六日ごろ自宅で覚せい剤を使用した疑いで山科署に逮捕され、起訴された。Nは二〇〇〇年夏ごろから病気を理由に休職中、逮捕後の二〇〇一年八月二四日に退職した。

【ファイル15・16】環境局職員O（三三歳）が覚せい剤所持の疑いで、会計室職員P（二七歳）が覚せい剤をO職員に販売した疑いで、二〇〇一年一〇月一一日までにそれぞれ京都府警薬物対策課に逮捕された。Pは九月二五日、左京区内のスーパー駐車場でOに覚せい剤〇・三七四グラムを一万五〇〇〇円で譲渡した。Pは「覚せい剤は大阪で入手し、二〇〇〇年夏頃からOに約二〇回譲った」と供述している。二人とも容疑を認めている。

まだまだ逮捕者は出る！

ひところは毎月のように「市職員覚せい剤で逮捕」というニュースが流れていたが、ここしばらくはなりを潜めていた。覚せい剤に手を染めている職員はあらかた一掃され、ジャンキー職員の存在など、もう過去のものになったのかと思っていたのだが、二一世紀に入ったとたん再び表面化し、一年間（二〇〇一年一～一二月）で六人が逮捕・起訴される過去最悪を記録している。

ご覧のように、いずれのケースも、たまたま好奇心で打ってみたら運悪く捕まってしまったというのではなく、普段から暴力団関係者とつきあっていたり、幻覚を抱くほどの常用など、暗澹《あんたん》たる気分にさせられるケースが多い。

「第一のピーク」ともいうべき九七～九八年ごろ、京都府警は、暴力団組織が覚せい剤販売のマーケットとして、京都市清掃局（環境局）職員を狙い撃ちしている可能性があるとして、捜査をしていた。だが現在、事態はいっそう深刻化している。たんに覚せい剤を使用するだけでなく、【ファイル12】の環境局職員L、【ファイル16】の会計室職員Pのように、自ら売人となっているケースが出始めているからだ。

「見ててみ。そのうちまた逮捕者が出るやろな。僕の見たところ、環境局で覚せい剤やってる奴はまだようけおる。言うとくけどそれは五人や一〇人という数と違うで」

部落解放運動団体の実情に詳しい、ある京都市環境局職員はそう話す。それを聞いて私は、初め、悪い冗談かと思ったが、職員の目は笑っていなかった。事実、ここ数年逮捕者が後を絶たないわけだから、職員の指摘はまんざら誇張とは言えないだろう。

運動団体推薦者をフリーパスで採用。その数、全職員の四分の一

なぜ京都市には、覚せい剤に関わる問題職員が多いのか。前出の職員はこう断言する。

「理由は、はっきりしている。『雇用』や。運動団体の言いなりになって、誰でも彼でも市職員に採用してきたことが、今のこういう事態を生んでいる」

彼が指摘する「雇用」とは、京都市が同和対策事業の柱として数十年にわたって実

◆京都市職員の採用方法

■競争試験採用（一般事務職、一般技術職など）

■選考採用

(1)免許・資格職（医師、看護婦など）

(2)特殊専門職（文化財保護技師、研究職員など）

(3)技能・労務職（業務職員、管理用務員など）

同和採用：運動団体などの推薦者を採用
2001年度で名目上廃止

一般公募：1995年度より実施

施してきた同和「選考採用」制度のことだ。

行政（一般事務）職員などの通常の試験とは別に行なわれる選考採用自体は、地方公務員法で定められたものだが、京都市の場合、これを特異なかたちで同和行政に援用している。同和対策事業として正式に実施されてはいるものの、採用人数、採用基準など、その詳細は、市民にはもちろん議会にさえも、ほとんど明らかにされていない。

しかし、人事課職員や運動団体役員の話などをまとめると、それは次のようなものになる。

同和地区住民の雇用対策を名目に、運動団体などが推薦する人物を、ごみ収集員などの技能・労務職員として採用する。市は毎年年明けに、部落解放同盟、全国部落解放運動連合会（全解連）といった同和系運動団体の京都市協議会に対し、個別に採用枠を示し、両団体はその提示枠に応じて推薦人数を決める。運動団体が推薦した応募者について、京都市が採用を拒否するケースは基本的にはない。

解放同盟、全解連の各採用枠は年度によって増減するが、ここ数年は圧倒的に解放同盟枠が多くなっているという。

念のために断わっておくと、この制度はいわゆる「ヤミ採用」ではない。公然と実施されている制度なのだ。つまり、京都市および人事委員会は、事実上、人事採用権を一民間団体である部落解放運動組織に「委譲」しているのである。これにより、全体からみればごく一部だとしても、数多くの問題職員を公務現場に誕生させてしまった。

京都市の全職員数は約一万九〇〇〇人だが、そのうち選考採用者数は六五八六人（九八年七月現在）。この中には、運動団体以外の推薦や一般公募で採用された職員も含まれている。したがって、全職員に占める同和「選考採用」者は、およそ四分の一前後に達すると推測される。

「採用」エサに組織強化

たとえ公務員としてふさわしくない人物でも、運動団体の推薦があれば京都市は採用してきた。実は京都市自身、このことを公文書で認めている。

「いわゆる『雇用』（引用者注：同和「選考採用」制度のこと）については、平成七年度から見直しを進めているところであるが、選考方法に改善を加え、公務員としての適性を備えた者を採用するよう見直しを行ったところである」（九七年四月、副市長名で出された依命通達「同和行政の改革を進めるに当たって」より）

「公務員としての適性を備えた者を採用するよう見直しを行った」――というが、ではこれまではどんな基準で採用を決めていたというのか。

九〇年代前半まで、同和「選考採用」の運動団体側の調整役として関わった元幹部は、私の取材に対して、次のような実態を語った。

――京都市のほうから、たとえば本当に就職に困っている人を推薦してくれ、公務員としての適性を考えてくれ、といった要望を受けることはなかったのか。

【元幹部】そういうことはいっさいなかった。すべて運動団体まかせや。京都市が唯一断わってくるケースは、健康上の問題やな。とくに胸の病気をもった人。それ以外は事実上フリーパスや。「雇用」が始まった当初は、(同和)地区住民の生活の安定という目的だったはずやけど、今の実態は、そんなこと関係なしやね。

――採用される人のなかには、こんな奴が公務員になるのか、と思わざるをえない人もいるのか。

【元幹部】まあ、おるやろな。正直言って。現実にそのことでいろんな社会問題が起こっているんやから。

では、運動団体側はどんな基準で採用推薦者を決めているのか。不祥事続発の「第一のピーク」当時、解放同盟京都市協の宮崎茂事務局長は、こう言っている。

「選考採用は、地区住民の生活安定と就業の促進の一環としてやってきた。しかし現実には、組織拡大に使ってきたことは事実だ。公務員としてふさわしいかどうかという論議よりも、運動にどれだけ参加してきたかということを基準にしてきた。同盟の運動に参加するほうも、運動に惚れて参加するというより、市職員になれる、全解連よりこっちのほうが枠も多そうだしすぐ入れてもらえそうだ、という理由で入る人が多いのもまた事実だ」

同和「選考採用」制度が始まったとされるのが六〇年代。この制度は、同和地区住民の生活安定に役立った面もあり、一概に全否定することはできない。しかし、住環境、就学状況など、同和地区の実態が改善されるに伴って、それはたんなる「雇用対策」ではなくなった。これにより解放運動の質も大きく変わった。運動側が「人事権」を掌握したことで、地区内で地道な活動をしなくても、「採用」目当てにいくらでも人は集まってくる。宮崎事務局長が言うように、運動側も「採用」をエサに組織強化を図った。かつては運動の力によってさまざまな行政の施策を実現していったが、今や行政の施策によって維持される運動に変質、堕落した。そして同時に、京都市という職場も荒廃していくことになったのである。

まだある不祥事

事態は市長の進退問題に発展してもおかしくないほど深刻だと思うのだが、京都市の受け止め方はどうも違うようだ。桝本頼兼市長は、一連の不祥事の真相を市民に対し説明して改善策を示すわけでもない。それどころか「同和」絡みということで、マスコミがこの問題をほとんど取り上げないのをいいことに、市民に対してお詫びの言葉一つ出さない。

逮捕者が出るたびに、市長に代わって、総務局長や環境局幹部がいちおうコメントを出すには出すのだが、「綱紀粛正を図りたい」など、通りいっぺんのことしか言わない。

二〇〇六年に相次いで起こった覚せい剤事件の中での、環境局理事の次のお詫びの言葉こそが、もはや市には問題解決能力が失われていることを暗示している。

「市民の皆さんにお詫びしたい。今月中に環境局の各職場で薬物使用禁止の啓発パネルを順次展示する」

中学校じゃあるまいし、この期に及んで「パネル展示」はないだろう……。「腐臭源」ははっきりしているのに、いっさいそのことにはふれない。すべてが「同和」の名のもとに隠蔽され続けている。

覚せい剤事件には至らないまでも、同和「選考採用」者による不祥事は日常的に繰り返されている。気に入らない上司への暴力、無断欠勤、公務外の非行（ケンカ、児童買春）などだ。

桝本市長は、同和「選考採用」制度自体、二〇〇一年度で廃止し、労務・技術職員はすべて「一般公募」で採用していくと繰り返し言明している。だが、現在の京都市の不祥事への対応、完全密室の採用方法から考えると、その実現は疑わしい。名目上「公募」となったとしても、水面下で運動団体の「推薦枠」が残される可能性は否定できないからだ。

世の中にはいろんな人間がいる。だが、市民はもちろん、市当局も人事委員会もチェックすることなく、大量の不良職員を市役所に雇い入れている現実。こんなことが、どこでどう「同和対策」と結びつくというのか。市民のほうは、たまったものではない。

【死を招く教育現場への介入劇】

[三重・広島]二人の校長が自殺に追い込まれた事情

寺園敦史(ジャーナリスト)

今年(二〇〇二年)二月五日午後二時、三重県人事委員会で、一件の懲戒処分(戒告)に対する不服申し立ての口頭審理が行なわれていた。申立人は、県内の一人の高校教員。一般の県民にはほとんど知られていないこの審理だったが、午前中からすでに、一〇人以上の傍聴希望者が人事委員会の前に陣取り、開場直前にはその人数が二〇人以上に膨れ上がっていた。審理は一年以上にわたって続いているものだった。そしてこの日も、毎回そうであるように、一五の傍聴席をめぐって、傍聴希望者が抽選を行なうことになった。

二時間の審理中、申立人側(懲戒処分を受けた教員)と処分者側(教員を処分した県教育委員会)との間で激しい意見のやりとりがあり、三人の審理官(裁判官の役割を果たす）が審理を中断して、議事進行をめぐって協議する場面も見られるなど、白熱した雰囲気だった。

懲戒処分の不服申し立てをした教員の名は弓矢伸一。いったい彼は、どんな「罪状」で県教委から処分されたのか。真剣に争っている当事者には悪いが、後述するように、まったく馬鹿ばかしい出来事が理由となっていた。

しかし、この馬鹿ばかしい出来事は、「部落差別である」と部落解放同盟三重県連とそのエピゴーネンとも呼ぶべき教員たちに認定された瞬間、重大事件と化した。それは、弓矢を懲戒処分に追い込んだだけでなく、弓矢の勤務校だった松阪商業高校、県教委を恐慌下に陥れ、さらには、同校校長を死に至らしめたのだ。

「糾弾会でボロボロにされろ」

発端はこうだった。松阪市内の同和地区内にマイホームをもった弓矢伸一は、その一年後の一九九九年四月、近隣一一軒とともに、町内会の所属を、同和地区から隣接する他地区に編入する運動を始めた。弓矢が居住している一画は新興住宅地で、同和地区の飛び地のような存在だった。弓矢は、ごみ置き場が家から三〇〇メートルのところにあったりするなど生活上の不便を感じていた。そして、近所の人たちに呼びかけて、隣接する別の町内会に編入することで、解決を図ろうとしていた。

ところが、編入の同意を得ようと説得を行なったある住民宅で、弓矢はこんなことを言ってしまう。

「(同和地区から町内会を分離すると) お嬢さんの将来にいいかもしれませんね」

それから二カ月後、弓矢が勤務する高校の同和教育推進委員の教員 (同推教員) と解放同盟がこの発言を知るところとなり、重大差別事件にされてしまったのである。

弓矢のこのときの発言自体は、批判されて当然の内容である。教員という立場を考えれば、その不見識を責められるのは、なおさら致し方ないことだろう。

しかし重要なのは、弓矢からそう言われた家の住人が、「それはどういう意味ですか」と、その場ですぐに叱責し、それに対し弓矢も、誰に強制されるわけでもなく、自らの発言を恥じ、平身低頭謝罪していることである。

つまり、これは差別事件ではなく、むしろ喜ばしい事件とすら言うことができる。部落差別につながる発言を聞いた人がその場で不当性を指摘し、発言をした本人もすぐにそれを認め、謝罪しているのだ。この両者の間では、部落差別は許されないという認識で一致しているのである。謝罪後、弓矢が懲りずに同様の発言を繰り返していたのなら話は別だが、そんな事実もない。加えて、この時点では、誰も被害をこうむっていないのである。「事件」は本来、ここで完結したとみるべきだろう。

だが、このときの発言は最悪のかたちで蒸し返される。同年六月一日、出勤した弓矢はいきなり永井久男校長から、校長室に来るよう言われた。そこにはすでに三人の同推教員が待ちかまえていた。同推教員の一人が言った。

「あんたは、こんな差別発言をしとるんやけど、どやな」

住民によって、弓矢の町内での発言内容が学校に伝えられていたという。その日から翌日にかけて、同推教員らによる事実確認が行なわれた。なかでもM教員は、解放同盟と太いパイプをもつことで知られた人物で、直後の職員会議では、「この差別事件は松阪商業の教育全体が問われる事件だ。全員が解放同盟の糾弾を受けることになる」と発言するなど、解放同盟と連携して積極的な役割を果たしていく。

以後一年以上にわたって、弓矢はM教員ら同推教員からの追及や、解放同盟による確認会、糾弾会に完全に呑まれ、言うがままになっていく。そして、自分は許されない差別事件を起こしたこと、町内会の分離運動自体、同和地区から抜けたいという差別意識の結果であることなどを認めさせられた。

暴力こそ振るわれなかったが、同推教員に机を蹴り上げられて「お前みたいな奴は糾弾会でボロボロにされろ」と罵倒されたり、「あんたの差別意識の背景には両親の存在があるのではないか」など、親をも辱める暴言に耐えなければならなかった。

当時のことを振り返って、弓矢はこう話す。

「これまで、同和問題に関わって教員や学校が糾弾されていたことは知っていましたので、事件にされた時点で、これはえらいことになるぞと覚悟しました。妻には、俺はもう今日から洗脳されたみたいにしていくわ。そうせんとこの先やっていけへんわ、と言っていました」

実際、涙が出るほど悔しい思いをさせられたが、相手の追及に対して、とにかく頭を下げ続けることが、人間としての行ないだと信じていたとも言う。

そして同年一一月五日、解放同盟県連主催の糾弾会が松阪市役所で行なわれ、解放同盟員や教員、県教委職員ら約四〇〇人が参加した。松阪商業教員はこの日、六時間目の授業を臨時休校とし、全員が参加させられている。弓矢はこの糾弾会で、四〇〇人を前にして野次や怒号を浴びながら、少年時代からの自らの「差別意識」を語らされた。

今日に至っても、解放同盟や同推教員、そして県教委は、弓矢の発言がどれだけ同校の同和地区生徒や地区住民の心を傷つけたか、盛んに強調するが、傷つけたのはむしろ糾弾の先頭に立った彼ら自身の行為だろう。

決着済みの隣人同士の私的な会話をほじくり返し、「差別事件」に仕立て上げる。弓矢の過去はもちろん、親の代までさかのぼっていかに「差別者」であるかを証明し、その「事実」を「解放教育」の生きた教材として、生徒に突きつけるのである。

一方的にこのような情報だけを与えられた高校生が、ショックを受けたり、学校不信、教師不信に陥ることは充分ありうる。

「私たちが校長を追い込んだ」

この事件で、追及されていたのは弓矢だけではなかった。校長の永井久男もまた、解放同盟、県教委、そして校内の同推教員から責任を問われていた。六月以降一二月まで、県教委同和教育課から職員が二〇回以上も事情聴取に訪問している。解放同盟による確認会（八月九、二三日の二回）、糾弾会にも参加させられており、とくに糾弾会では弓矢と並んで「被告席」に座らされ、「事件に関わって、学習会（引用者注：糾弾会のこと）で自らの間違った認識を糾《ただ》していきたい」などと決意表明させられている（『解放新聞三重県版』九九年一一月三〇日付）。

糾弾会には、県教育次長、同和教育課長、学校教育課長、教職員課長ら、県教委幹部職員をはじめ、二二四人の教職員が参加していた（内訳：出張一一二人、研修一一人、年休八二人、その他一〇人）。

糾弾会の後、今後の学校としての取り組みを検討する職員会議の最中、永井校長の態度に不満を持つM教員から机を蹴り上げられ、「松商の同和教育を推進せなあかん立場のあんたが、後ろ向きの発言をしてどうすんのや」と、他の教職員が見ている前で罵倒されたこともあった。

校長自身、これまで同和教育に熱心に取り組んできた教員であったという。それが糾弾会では、県教委の主だった面々の前に「差別教師」を生んだ学校長として引き出され、職員会議では解放同盟のエピゴーネンのような一教員に怒鳴りつけられる。肉体的にはもとより、精神的に受けたショックは大きかったと想像される。

そのときの校長の様子は、六月以降、連日にわたって激しく追及され続けている弓矢でさえ心配するほど、憔悴《しょうすい》しきっていたという。

「頰がげっそりこけ、見ていて痛々しかった。一度、解放同盟員から、一二月に二回目の糾弾会をやるつもりやけど、あんた、からだは大丈夫か、と尋ねられたことがありましたが、そのときは、僕のことより校長先生のことが心配ですと答えたほどでした」

同年一二月一五日朝、永井校長は、自宅の庭の杉の木に電気コードを掛けて首を吊って死んでいるところを妻に発見された。遺書はなかった。県教委は「自殺の原因は不明」というコメントを出しているが、いかにも白々しい。同日午後開かれた松阪商業の同推委員会の中ですら、「私たちが校長先生を追い込んだと違うやろか。もっと校長先生が、自由に心の内を言えるような雰囲気をつくってこなかった私らに責任があったのと違うやろか」と嘆く声が出たほどだった。

弓矢は同年度末、他校に配転になった。県教委は二〇〇〇年五月二九日、同和地区を有する町内会の分離運動を行なったこと、その中で人権を侵害する発言を行なったことを理由に、弓矢を戒告処分とした。弓矢はその後、校長の自殺の真相を明らかにしようとしない県教委の態度に疑問を持ち始め、戒告処分に対して、人事委員会に不服申し立てを行ない、あわせて県、同推教員らを相手取って損害賠償請求訴訟を起こしている。弓矢はこれまでの態度を一転させた動機について、こう話した。

「校長先生が亡くなられたとき、死ななければならないのは自分ではないか、と思いました。それからもずっと後を追って死ぬことばかり考えていました。でも、自殺にまで追いやったのに、何も責任を感じていない県教委の姿勢を知って目が覚めました。同和教育という名のもとに人権を簡単に踏みにじる、異常な県の教育行政の実態を暴いて、校長先生の無念を晴らしたいという気持ちでいます」

「街宣車で式をつぶすぞ」

過去、解放同盟の学校介入によって、死に追いやられた教員は一人や二人ではないが（一八八頁参照）、三重県立松阪商業校長の事件も含め、大きなニュースになることはない。日本において、部落問題で自由な論議が行なわれていないことの証《あかし》ともいえる。

そんななか、例外的に全国的な関心を集めた事件がある。九九年二月（卒業式前日）に起きた、広島県立世羅《せら》高校（世羅郡世羅町）石川敏浩校長の自殺事件である。この事件は、解放同盟がよくやる手口――ありもしない「差別事件」をネタに学校に介入し、教育行政を屈服させる――過程で起きたものではなかった。その年の卒業式・入学式に、県教委は、日の丸の掲示、君が代の斉唱を職務命令まで発して実施するよう校長に強要していた。これに対し、部落解放同盟広島県連と、県連と一体となった高等学校教職員組合（高教組）が猛反発しており、石川校長の世羅高校は、県内でももっとも強硬な組合分会の抵抗に遭っていた。石川校長は、この両者の板挟みとなって、自殺したと見られている。

石川校長が世羅高校に赴任したのは九八年四月、校長として三校目の赴任地だった。同年度より、県教委は文部省の是正指導を受け、これまでの組合、解放同盟との腐れ縁を清算しようとしていたが、そのもっとも大きな争点の一つが、卒業式・入学式の「日の丸・君が代」問題だった。県教委は九八年一二月、その六年前に解放同盟県連、高教組との間で結んでいた合意事項（日の丸を三脚で掲示することを認めるが、君が代斉唱は認めないなどとする内容）を解消する方針を発表、以後、県教委と解放同盟・高教組との対立が深まっていく。

のちに参議院予算委員会で県高等学校長協会会長・岸元學は、解放同盟から猛烈な圧力がかけられた事実を証言している。

「国歌斉唱を予定している個々の学校にも、卒業式が近づくにつれて部落解放同盟広島県連の方がおいでになって、我々の子どもたちを当日欠席させるぞとか、卒業式途中で退席させるぞとか言われ、そうすると退席すればこの子が部落の子であるということがはっきり明確になってしまう、そのことによって新たな差別事件が起きたら許さぬぞ、こういうふうな国歌斉唱実施を妨害するような行為がありました。……私自身の場合ですが、今回私には何もございませんでした。しかし、平成四年二月末のころです。卒業式を翌日に控えた日のことですけれども、私は当時教頭でございました。そこへ団体の方がおいでになって、国旗掲揚も国歌斉唱も取りやめるように強要されました。そのときの、もし実施するなら街宣車でもって卒業式をひねりつぶすぞと言われた言葉を、いまだに忘れることはできません」

「選ぶ道がどこにもない」

校長に職務命令を出すなど、「日の丸・君が代」の実施を断固敢行しようとする県教委の強力な姿勢のもと、多くの学校で組合側も譲歩せざるをえなくなっていく。しかし、そのことが依然、世羅高校組合分会の強い反発に遭い続けている石川校長を追いつめてしまった。自殺の原因を調査した県教委の「報告書」をもとに、自殺直前五日間の校長の足跡を辿ってみよう。

【二月二三日】臨時県立学校長会議出席。教育長から「日の丸・君が代」を断固実施するよう改めて指示。会議のあと、尾三地区校長会開催。石川は「国歌斉唱の実施に向けて互いに頑張ろう」と仲間の校長に語っていた。高教組は阻止闘争方針決定。同日の石川の日記の記載▽「臨時県立学校長会議。県教委の指示。その後地区校長会。（中略）（教頭へ）報告。反応わるし。本日の指示をまとめる。厳しい一日」

【二月二四日】組合分会執行部、職員会議でも、「国歌斉唱」の意向を提案するが強い抵抗に遭う。日記▽「午後職員会議で国旗国歌の提案。むずかしい状況」

【二月二五日】午前、尾三地区校長会と解放同盟南部協などとの「話合い」。同盟から、県教委に抗議文を書くよう求められるが、校長会は拒否。夕方職員会議、昨年度どおり「日の丸」は三脚で掲揚、「君が代」は実施しないことを決定。日記▽「（南部協等との話合いから）帰校後、職会。厳しい状況。帰宅して、今後の進退を考える」

【二月二六日】卒業式予行演習。職員会議で「日の丸・君が代」議題にならず。夜、前任地の校長に電話。「日の丸・君が代」が実施される予定の高校が自分の予想より多いことを知り、ショックを受ける。「県教委には（世羅高では前年どおり『君が代』を斉唱しない予定であることを）報告していないがどうしたらいいだろうか」と相談。日記▽「卒業式の情報が入り、悩み深まる。一〇時頃まで教頭と協議。疲れが増す」

【二月二七日】朝、近隣の高校の校長に電話。尾三地区ではほとんどの高校で「日の丸・君が代」が県教委方針どおり実施されることを知る。二八日の職員会議で再提案するため、事前に組合分会役員に協議を申し入れるが、役員に連絡とれず。夜七時頃、尾三地区校長会支部長に電話。「『君が代』をすると言うのなら『日の丸』もやらない、駅伝の送迎も学力補充も非協力、と言われた。今回は実施できんかも。教員と話をし、頑張ってみる」と話す。八時頃、分会長から電話かかる。石川夫人によると〈校長はこの電話で、かなり長い間分会長に必死に懇願する様子であった〉。九時、近くのカラオケルームで教頭、組合分会長、組合尾道地区書記長（世羅高教員）と話し合い。一〇時過ぎ帰宅。〈非常に落胆した様子であり、普段の様子とは違うため、校長夫人は心配していた〉

この日、解放同盟県連、高教組は「日の丸・君が代」絶対阻止の方針を撤回した。

【二月二八日】朝八時、心配した友人の他校校長から電話。石川は電話に出ず。九時一〇～二五分、心配した近所に住む県教委主幹指導主事が石川宅を訪問。

〈パジャマ姿の石川校長が、憔悴しきった様子で出て来た。

指導主事「どーしたん、元気出しなー」

校長「いやー、もうだめよー、どーにもならん。なんぼ言うても聞いてくれんのよ。一つ言うたら十も二十も返るんじゃ…いけん」

指導主事「（高教組や解放同盟県連の動きについて伝え）一〇時から会議をもつんじゃ

ろ。いいことになるよ」

校長「もーだめじゃのー。もー会議ももてんのじゃ」「きのう分会長が（職員会議は）やらんとみんなに（連絡を）流しとるけーもーだめなんよ。できん」〉

その後しばらく話し、石川の表情がゆるんできたところで指導主事帰る。一〇時五分頃、石川夫人が、石川が納屋で首を吊っているのを発見。本人手書きのメモが、自家用車の中から発見された。「何が正しいのかわからない　管理能力はないことかもしれないが、自分の選ぶ道がどこにもない」

反動化のテコとして

こうして自殺直前の足跡をふりかえると、県教委による現場の実態を考慮しない強引な職務命令と、教職員との間で孤立する校長の姿が浮かび上がる。同時に今、県教委の「報告書」の字面《じづら》だけ見れば、なぜ学校長がここまで組合の意向に振り回されるのかという印象ももつ。当時の広島の学校には、組合が絶大な力をもっていた。教員人事も事実上組合の了解のもとに行なう、「人事協定」が締結されていた。石川校長は着任早々から、些細な発言の言葉尻を取られたり、前任校での人事を理由に、組合分会に「反省文」を書かされたりしていた。

組合員や教職員の意向を管理職が尊重すること自体、非難されるものではないが、広島の場合、それは常軌を逸しているのだ。

九〇年代以降、同和対策特別立法期限切れとの関係で、解放同盟の行政への影響力が全国的に格段に衰えていくなか、広島県や先に見た三重県では、なぜこのような無法が続いているのか。

広島県では、県連幹部の小森龍邦個人のキャラクターに負うところも大きいが、八五年九月、教育問題に関して結ばれたいわゆる「八者合意」が、大きな威力を発揮している。

八者とは、広島県知事、広島県議会議長、広島県教育長、部落解放同盟広島県連合会、広島県高等学校教職員組合、広島県教職員組合、広島県同和教育研究協議会、広島県高等学校同和教育推進協議会のことだ。県会議長の「広島の教育の荒廃の元凶は解放同盟の教育介入だ」とする知事への要請書に、解放同盟県連が猛然と抗議したことをきっかけに、成立したものだった。合意事項の中では、同和教育推進についてもふれられ、「差別事件の解決にあたっては、関係団体とも連携し……」と謳《うた》われている。

この「関係団体とも連携し」という合意事項が、解放同盟の学校介入を合法化し、「日の丸・君が代」をめぐって、「街宣車で卒業式をひねりつぶすぞ」と、公然と言わしめる事態を作り出していったのだ。

一方、三重県でも九〇年代、教員による「差別事件」を契機に激しい糾弾闘争が展開され、そのなかで教育長が完全に屈服し、解放同盟に対して同和教育推進を約束してしまっている。また、県教委作成の「学校での差別事象対応マニュアル」には、事件発生時、解放同盟と連携していくことが明記されており、県教委は今日に至っても、解放同盟主催の糾弾会を学習の場として、教職員の参加を推奨する姿勢を変えていない。

世羅高事件は、自民党議員によって国会で取り上げられた。しかし、解放同盟の教育介入を呼び込んできたこれまでの教育行政を是正するというより、「日の丸・君が代」法制化を促進するために利用された感が強い。七〇年代、解放同盟は、当時勢力を伸張させていた社会・共産両党や労働運動、市民運動の分断を図る道具として使われたが、今日では市民の批判を悪用して、反動化を進めるテコとして重宝されはじめている。

（文中、敬称略）

【同和脱税ブローカーの手口】

ヤクルト販売会社元役員「11億円脱税事件」の仰天真実！

寺園敦史（ジャーナリスト）

二〇〇一年暮れ、京都市中京区内のホテルのラウンジで、私は白井剛（仮名、以下同）に会った。一九九六年に露見した約一一億円もの同和脱税事件で、仲介役を務めた部落解放同盟員のうちの一人である。ときおり語気強く攻撃的なせりふを吐くものの、全体に口調は穏やか、小柄で、一見温厚そうな印象さえ与える人物だった。

「わしもいろいろやってきたが、解放同盟の幹部連中は、もっと批判されるべきことをやっている」

白井は私に会うなり、そう言って自らが関与した脱税事件についてしゃべりはじめた。そして話の最中、何度もこう繰り返した。

「あの事件は、解放同盟の名前を使わなかったからめくられただけや。使ってたら、どういうことにもならんかった。隠れて自分だけええ目みようとした奴がおったから、こういうことになったんや」

同和脱税の概略と、それを可能にしてきた大阪国税局と部落解放同盟中央本部、部落解放大阪府企業連合会（大企連）との『七項目の確認事項』のこと、これが大阪だけでなく、全国の企業連を通した申告でも有効になっていることについては、別項（一八八頁）でふれた。

ここでは、数年前、部落解放京都府企業連合会（京企連）幹部が関わった事件を通して、その実態を具体的にご覧いただこう。

申告書を見て愕然

「こんないい加減な申告をしてしまって、私は前田さんにだまされたんだと、そのときは強く感じました」

京企連会員・前田稔から渡された書類の中身を確認したとき、岡田孝典はそう思ったと、のちに起訴された公判で供述している。

岡田は京滋ヤクルト販売会社役員。母親を亡くしその遺産を相続することになったが、一億円近い相続税は、京企連を通して税務署に申告する手はずになっていた。

その窓口になったのが、京都市内で建設会社を経営し、自らも解放同盟（京企連）東三条支部員である前田だった。

ところが、申告期限ぎりぎりの一九九三年五月一四日、左京税務署で手続きを済ませた前田から受け取った申告書控、納付書などの書類一式には、信じられない数字が並んでいた。

《課税価額＝二億七〇〇〇万円、相続税納税額＝六〇一五万円》

岡田が実際に相続した遺産の課税価額は、不動産や株式、預貯金など一九億四〇〇〇万円、相続税額は、京企連に持ち込む前に知り合いの税理士に試算してもらったところ、一一億円余りになるはずだった。つまり、それぞれ七分の一、一八分の一の過少申告で、脱税率は九五％にもなってしまう。

株券だけでも四億円近くは持っている。申告した左京税務署は、母親の財産がどれだけあるのか把握しているはずだ。それがこんな申告で通るわけがない。書類の筆跡を見ると、素人が書いたようなもので、そこに「京企連」の判子がなかったことも不審を抱かせた。こんなウソ、通るわけがない――。

いや、そもそも前田にはそのひと月前、納税額として五億四〇〇〇万円を渡している。そこから京企連に手数料を差し引かれたとしても、少なくとも五億円は納税されるものと思っていた。ところが、現実には四億八〇〇〇万円が京企連に抜かれた計算になる。「もうびっくりして、頭の中が真っ白になるような気持ち」だったと、のちに岡田は語っている。

岡田がその理由を問いただすと、前田はこう答えたという。

「京企連を通じて左京税務署に行って、相続財産はわかっていながら、いくらにしていただけるんですかということで左京税務署と相談して、今回の申告額を決めた」

税務署は、すべて承知のうえで認めてくれている。あんたは何の心配もいらないのだ、というわけだ。

岡田の危惧に反して、税務署からは何も言ってこなかった。やっぱり京企連の力でうまく処理できたのかと思った。しかしこの三年後、岡田は前田らとともに、相続税法違反で起訴されることになる。

「京企連を通すと半額でいけますよ」

岡田が母親を亡くしたのは、九二年一一月だった。その一〇年前、母親は夫（岡田が役員を務める会社の社長）から巨額の遺産を相続していたので、岡田は自社株もそのまま引き継ぐことになった。ところが、一一億円もの相続税をまともに払うとなると、会社の株か自宅の土地建物を売るしかない。周囲から将来の社長と目されていた岡田は、なんとしても株を手放すことは避けたいと考えた。そんなとき、会社の知人からこんな話を聞く。

「あるところを通じて申告すると、普通の税理士さんが申告するよりはるかに安い額で相続税が納められる。そこには京都でも二、三本の指に入るしっかりした税理士さんがおられて、きちっとした申告で間違いない」

九三年四月、岡田はその知人の紹介で前田に会った。場所は、前田が社長を務める建設会社事務所だった。前田はいきなり、岡田が支払わなければならない相続税はいくらなのか、と聞いてきた。約一〇億円と答えると、自分たちに任せてもらえればその半分で引き受けましょう、と前田は請け負った。

岡田にとっての第一の関心事は、その「あるところ」を通じて申告するとなぜ安くできるのか、そもそも「あるところ」とはどういった団体なのか、ということだった。しかし、前田はなかなかはっきりしたことを教えてくれない。それでもしつこく質問すると、前田はようやく説明しはじめた。

「岡田君は京企連を知っていますか。京都府企業連合会、縮めて京企連というのだが、そこを通じて申告すると税額が安くなるんです。これは本当は、あまり人に見せたらいかんのやけど」

そう言いながら、奥のスチール棚の中から一〇〇ページくらいの本の一部をコピーして、岡田に見せた。六八年、大阪国税局と解放同盟・大企連との間で交わされた『七項目の確認事項』だった。

同和団体に対して、こんな税金の優遇措置があったのかと驚かされたが、にわかに納得できるはずもなく、岡田はなおも尋ねた。左京税務署は、父親が亡くなった時点からガラス張りのように自分たちの財産を把握している。それでも税額を安くする手段がとれるのか。前田はこう答えた。

「京企連にも優秀な税理士さんがおられますので、そのへんのところはきちっと処理してもらえます。京企連の運動資金等は、こういう申告の手数料によってまかなわれている。もし京企連がおかしなことをやっていれば、誰も頼みに来なくなる。まして私自身がビルをいくつか持って、会社を経営している。五億くらいで逃げも隠れもしない。ぜひ信用してほしい」

但し書きは「同和運動へのカンパ」

一〇日後、岡田は同じ場所で前田に会う。会うなり前田は岡田に、この税務申告に関しては岡田には迷惑をかけないと記した念書を手渡した。前回会ったとき、岡田のほうから要求していたものだった。署名欄には、前田が京企連会員であることが明記され、前田自身の会社取締役印も押されてあった。

岡田は京企連に依頼することを決断した。数日後、事前に知人の税理士に作成してもらっていた申告関係書類とともに、手数料込みで五億四〇〇〇万円を、京企連の窓口となる前田に渡した。

五月一〇日、岡田は三たび前田の会社事務所に行き、左京税務署に提出する白紙の申告書類に捺印だけする。そのとき、前田から「解放同盟の同和運動に対するカンパ」と但し書きされた領収証を渡された。五億四〇〇〇万円渡しているにもかかわらず、金額欄には四億円としか書かれていなかった。前田は、解放同盟東三条支部副支部長の大原雄次の指示でこうしている、後日きちっとした領収証を渡す、と説明した。

岡田は奇異に感じたが、納得するしかなかった。ずっと後になって知ったことだが、前田はこのとき、岡田から預かった金のうち一億四〇〇〇万円を密《ひそ》かに懐に入れ、四億円で申告を請け負ったことにして、京企連に依頼しようとしていたのだった。

白紙の申告書に押印した後、岡田は当初申告を依頼していた税理士に会っている。そのとき、税理士からこう言われたと、公判のなかで供述している。

「岡田君のことが気になって、いろいろな人を通じて調べたことなんだけれども、と前置きされて、実はこういう団体が節税だと言っているのは、一般的に架空債務を使って税務を減らすのが常套手段として使われていると、だから脱税にあたりますと、また、こういうことは通常よくされていることでもあるとおっしゃいました。それで、左京税務署もこの件については認めてくれるみたいだし、今さらこれがおかしいということでまた、京企連のほうに持っていってもなかなか取り扱ってもらえないだろうし、お金も返ってこないと、こう言われました」

今さら、もう後戻りはできなかった。

京企連のはずが右翼団体に

前田によると、案件が一億円までなら各支部で決裁できるが、それを超えるとなると京企連本部の扱いになるという。一〇億円を超えるケースは、そうそうあるものではない。当然、甘い汁にありつこうと、さまざまな連中がこれに群がってきた。

まず、岡田から依頼を受けた前田は、前述のとおり初めから一億四〇〇〇万円分サヤを抜き、東三条支部副支部長で京企連支部企業対策部長をやっている大原雄次に、「一〇億円くらいの税対を四割でやってくれ」と取り次ぐ。前田は謝礼として大原からさらに一億円を受け取った。

大原は、この金を京企連より大企連（部落解放大阪府企業連合会）にもっていくほうが、低い額で申告できると考え、同じ支部役員で京都市教育委員会職員の中川和夫に仲介を頼む。中川は大企連に人脈のある同支部員・白井剛を大原に紹介、大原は白井に、「三億か四億の相続税を一億五〇〇〇万円で処理してくれる人」を捜すよう依頼した。

白井は大企連関係者に話を持ちかけるが、「正規の税額なら五、六億円はするケース、とても一億五〇〇〇万円では引き受けられない。あと一億円持ってくれば何とかできる」と言われる。やむなく白井は、大阪の総会屋を通して、同じく大阪の右翼団体幹部に頼むことにした。

その後も紆余曲折を経て、結局、解放同盟とは無関係のこの右翼団体幹部が、岡田の相続税申告を行なうことになってしまった。

ここまでの過程で、関与したそれぞれが「謝礼」「仲介料」として次々とサヤを抜いていってしまったため、右翼団体幹部が左京税務署に申告書を提出するときには、岡田の本来の納税額約一一億円は、六〇〇〇万円余り、というとんでもない額になってしまっていたわけだ。岡田本人ならずとも「頭の中が真っ白」になる額である。

「脱税」目当てに同盟加入

このケースは、京企連にも大企連にも通さずに申告してしまったため、摘発されることになった。注意していただきたいのは、解放同盟関係の団体を通して申告すれば、何も問題は起こらなかったということだ。少なくともこの脱税工作に関わった同盟員らは、そう主張している。

全体の「元請け」とでもいうべき前田は、公判で次のように供述している。


【弁護人】納付書の金額は見ましたか。

【前田】たしか、六〇〇〇万か五〇〇〇万やったか。

【弁護人】それを見て、あなたはどう思いましたか。

【前田】いつもより少ないなと思いました。ふつうは一億ぐらいは納めはるやろな。一割ぐらいは納めはるのに、何で今回六〇〇〇万かなと、ちらっとそういう疑問はありましたけど。

【弁護人】だけど、そう不審を抱くほどの気持ちはまったくなかったんですか。

【前田】そりゃもう、支部三役のほうから本部にとおしてると信じてましたんで。


前田は最後まで、自分が「下請け」に出した大原副支部長が京企連を通して申告したものと信じていたと言う。

前田はこの前年、ある人物の納税を、自分が直接、京企連事務局長に話を持ち込んで、通常の四割に当たる一億二〇〇〇万〜一億三〇〇〇万円で処理してもらったことがある。また、自社所有の不動産を売却したときも、京企連を通して申告したことによって、税を大幅に安くできた。いずれも何の問題も起こらなかった、と供述している。

前田は、八三年に解放同盟に加入した。それまでは自民党系の全日本同和会に所属したこともあったが、同和会の税対では「脱税」として摘発される可能性があったので、同盟に移ってきた、とも述べている。

なぜ問題にならない？　京企連の脱税工作

一方、「下請け」した大原は、前田と違って活動歴二五年に及ぶ筋金入りの同盟員だった。高校生で運動に関わり、これまで解放同盟京都市協議会青年部長、東三条支部書記長を歴任し、事件当時は副支部長（企業対策部長）として、一般同盟員と京企連との調整役を務めていた。また、京企連事務局長、理事長として長く企業連活動の先頭に立ってきた、東三条地区出身の同盟幹部とは縁戚関係にある。同盟の税金対策活動を熟知しうる立場にあった。彼の供述も紹介しよう。

【弁護人】京企連に仮に話をとおして、京企連でちゃんとやっていれば、事件にならなかったという可能性はありませんか。

【大原】いや、先生のおっしゃっている京企連だけじゃなしに、大企連でも問題になってなかったと、事件にはなってなかったと確信しています。

（中略）

【弁護人】（七項目の）合意事項など存在しないと、国税なり税務署なりから、同盟が抗議を受けたり、こういうのを（組織文書に）載せたりしてくれるなという要求がなされたことはあるんでしょうか。

【大原】大阪国税局からですか。そういうのはございません。当然、同和対策あるいは同和施策の一環として、企業対策もなされるのだという確信のなかで、私はやってきました。だからできるという判断でやってきました。

【弁護人】要するに、税金が安くなるということですね。

【大原】そういうことです。

【弁護人】あなたが紹介を受けた、そして京企連にお願いした二、三件については、現に安くなっているんですか。

【大原】なっています。…部分によって違いますけど、（正規の）三割とかという部分もあります。

【弁護人】その税金の申告が、問題になったということはないわけですね。

【大原】いっさいありません。

「下請け」の大原から、大企連につないでくれるよう頼まれた白井は、私の取材に答えて、こんな「事実」も語った。

「申告後しばらくして、税務署員が私のところへやってきた。この申告は、とても受け付けられない。しかし、解放同盟東三条支部の印鑑さえついてくれたら認めましょう。そう言ってきた」

ところが、大原は当時、副支部長でありながら、支部内部の事情からそれができず、結果、脱税事件にされてしまったのだという。

この話の真偽はともかく、これまでの解放同盟に対する扱いからみて、可能性としては充分考えられるエピソードである。

「カンパ」の呆れた使い途

解放同盟（企業連）の税務申告をフリーパスで認めていること自体、いくら同和地区業者の特殊性を強調されたところで、とうてい認められるものではないだろう。百歩譲って、仮にそれを認めたとしても、次の二点において、こうした解放同盟の「税対」は事実上利権と同義にあると断じられるべきだ。

第一に、今回申告を依頼した岡田は、同和地区とは無関係の人物だった。そういう人物からの依頼を受け付けることがなぜ可能なのか。

第二に、企業連では依頼者から「カンパ」の名目で金を巻き上げているが、なぜそんなことをする必要があるのか。そしてその「カンパ」が企業連にではなく、個人の懐に入っている。たとえば、この事件で二億四〇〇〇万円の「カンパ」を受け取った前田は、その金を自分の「借金の返済、遊興費、道楽に等しい社会人野球の費用とに短期間で使い切」っている。大原もそのデタラメぶりを次のように供述している。


【弁護人】企連をとおした申告によって、あなたが今まで受け取った謝礼の中で、同和運動、解放運動のために建設的に使ったということはあるんですか。

【大原】今回のこの事件に関してはありません。

【弁護人】企連を通じた税対によって得られた報酬が、本当に同和運動のために使われてきたと思っていますか。

【大原】本部では使われていると思います。支部でも使われていると思います。…うちとこの支部で言いますと、老人に対する対策費、あるいは夏祭り、あるいは、毎月一回はお年寄りに食事を配布してるわけですけど、そういうのを企業連のカンパから差し入れさせています。


呆れた話ではないか。たとえ、地区の夏祭りや老人対策活動に使われていたとしても、「脱税」でピンハネした金での援助など、地区住民にとっては迷惑な話だろう。

そんな金で調達された弁当を誰が食べたいと思うか。不正な金で維持される運動など、解放運動の名に値しない。

裁判では、前田ら脱税仲介人たちは、脱税の意図はなかった、すべて国税局との『七項目の確認事項』によるものだと主張したが、受け入れられず、それぞれ有罪判決を受けている（実刑は懲役二年の前田だけ。あとは執行猶予付き）。

岡田本人も、懲役三年、執行猶予五年の判決だった。岡田は起訴後、自分と家族名義の預貯金を解約、自社株も売却して、重加算税、延滞税など約一八億二〇〇〇万円を完納した。財産処分の際の譲渡税約四億円も納めた。すべての発端だった一一億円の相続税のために、約二二億円を支払ったことになる。自業自得とはいえ、事件に関わった解放同盟関係者たちの、「部落解放」を口にしながらの無法・無責任とは、対照をなしている。

京都地裁での判決言い渡しのあと、裁判官はこう言い添えたという。

「巨額脱税事件で執行猶予判決を出すのは勇気がいるが、裁判官も時には、被告人の生き方にほれることもある」「（今後の人生に向かう岡田に対して）あなたならやり遂げられる」（『朝日新聞』九七年七月四日付）。

追及の急先鋒がなぜ野中広務!?

さて、大阪国税局と部落解放同盟との間で交わされた『七項目の確認事項』の不当性については、これまでも国会審議でたびたび取り上げられてきた。政府の対応をただすのは、決まって共産党所属の国会議員だった。

ところが、九〇年代に入って、当時の細川連立政権のもと、野に下っていた一人の自民党議員が、猛然とこの問題を取り上げている。京都府選出の衆議院議員・野中広務だ。共産党議員のような理詰めの追及ではなく、異常な気迫とある種の「脅し」でもって、大蔵大臣をぎゅうぎゅうに締め上げている。

野中の同和脱税追及は計三回にわたる。一回目は九三年一〇月六日の衆院予算委員会。六八年の「七項目」成立、七〇年の国税庁長官通達で「七項目」が全国化された経過に触れた後、野中は「私の四〇年に余る政治生命のすべてをかけて、この問題の解消を迫るのであります」と大蔵大臣・藤井裕久を追及した。

これに対し藤井は、「解放同盟から『七項目』の申し入れはあったが、国税庁として合意したわけではない」と従来どおりの国会答弁で突っぱねようとした。すると野中は、激昂した口調でこう迫る。

「やってないというのなら、やってない証拠を出しなさい。いくらでも材料は出してみせる。どこにどんな基金が積まれて、どこに預けられているかまで調べなければ、こんな質問できるか。もうちょっと腹のある、責任ある答弁をしなさい」

　すると藤井はとたんにトーンダウン、「そういうことに対しては、もしありとせば、適正に執行するのは当然のことであると考えております」と答えた。

　二回目はその二カ月後の予算委員会。野中は同和脱税の証拠だとする書類の束をかざしながら、今日のところはこのことを追及するのはやめておく、しかし、これで終わりだと思うな、今度はテレビ中継の場で取り上げるぞと、クギを刺して「脅し」ている。

　三回目は、翌年六月七日の予算委員会第二分科会（ただしテレビ中継の場ではない）。この三月の申告をチェックしたが実態は変わっていないではないかと追及する野中に対して、大蔵大臣は完全に野中ペースの答弁に終始している。過去二十数年にわたって国税当局が否定してきた『七項目の確認事項』を、大蔵大臣自ら認めてしまったのだ。

【藤井】過般二回にわたりまして非常に厳しい御指摘を受けました。私も、これは本当に真剣にかつ謙虚に受けとめたつもりでございます。課税の適正ということは、本当に税の信頼というものを多くの国民の方に得る最大の道であると考えております。

私としては一歩一歩前進をしていると考えておりますが、本年においてもそのような御指摘を賜って本当に残念に思っております。私どもとしては最大限の努力をしてまいっているつもりでございますが、またいろいろなことがありましたら、むしろ教えていただきたいという気持ちでおります。

【野中】その場限りの答弁じゃなしに、なるほど困難であるけれどもやはり血を出しながら頑張っているな、そして適正化の機運が見えてきたな、そういうものが我々にわかるようにやってもらわなければ、新たに国民の負担を求めるあなた方の立場を、私どもはやはり平場で批判をしなければならない時期がやってくるということを申し上げて、もう一度私はお考えを聞きたいと思うのであります。

【藤井】これはここでの通り一遍の答弁ではなく、一歩一歩かもしれないけれども努力をしてまいりたいということを、改めて申し上げさせていただきたいと思います。

野中による追及の背景には、当時の社会党を含む連立与党を、これを機に揺さぶろうとした意図があったと思われる。事実、野中は自民党が政権に復帰した九四年以降、国会ではこの問題を取り上げていない。それどころか九六年の総選挙では、解放同盟京都府連の全面的なバックアップも得て、当選を果たしている。

これまで同和脱税で摘発されたのは、前述の件も含めて、通常の企業連ルートから逸脱するかたちでの申請分についてだけだった。つまり「本体」は、依然無傷のままでいるということだ。

一一億円脱税事件に関与した白井は、私に向かってこともなげにこう言った。

「今も実態は変わっていないな。わしの会社も京企連で、納税額がゼロになるよう申告してもらっているけど、毎年そのとおりになるようにうまいこと、数字を合わせてもらっているからな」

第2章

仁義なき同和利権

【同和特権を〝票〟にかえた政治家の肖像】

部落解放運動の闘士〈上田卓三〉という闇

一ノ宮美成（ジャーナリスト）

今年（二〇〇二年）一月二九日夕、東京・千代田区のホテルニューオータニで、あるパーティが開かれた。「二〇〇二年新春の集い」と銘打たれたこのパーティは、今年で六回目を迎える。会費は二万円。プログラムは一部、二部に分かれ、一部では、著名なニュースキャスター・筑紫哲也氏が「うつろいゆく世界、日本の明日を語る」と題して講演。その後の二部は、文字どおり、酒を酌み交わしてのパーティとなった。

この二万円パーティの主催者は「ティグレ」という団体である。企業の経営相談をもっぱらとし会員数は四万五〇〇〇人。一般には聞きなれない団体だが、会長があの部落解放同盟前委員長で、リクルートスキャンダル（一九八八年）に元秘書が関与していた旧社会党代議士の上田卓三《たくみ》氏とわかれば、ピンと来る人も多いはずだ。「ティグレ」が結成されたのは、一九九六年一二月。それ以前は、同じく上田氏が会長を務め、「中企連」という名前だった。

「ティグレ」はラテン語で、日本語に訳せば「虎」。「寅年」生まれの上田氏にちなんで名づけられた、まさに上田氏の私的業者団体である。部落解放運動の闘士が、今や一流ホテルに有名人を集め、毎年、二万円パーティを主宰するのが当たり前になっている、というわけだ。

「一人一人が勝利の太陽を確信するまで努力と奮闘の時と思います。ティグレは新時代のニーズに対応し、ビジネスネットワークを構築してまいりました。今こそ、更なる成功に向って一致団結し、真摯に挑戦を開始しようではありませんか。本年も変わらぬご支援ご厚情を何卒よろしくお願い申しあげます。

ティグレ会長　上田卓三」

右の文書は、前述したパーティの案内文だが、見てのとおり、「ビジネス」という文言はあっても、「人権」「平和」という言葉は一言もない。

部落解放運動の闘士＝上田卓三氏の人生は、つまるところ、その時々の「新時代のニーズ」に応じて、変節を重ねてきた歴史といっていい。そこから透けて見えるのは、解放運動の闇の歴史そのものである。

集票マシーンの誕生

上田卓三氏は、一九三八年、大阪市内の同和地区に生まれている。

上田氏が初めて国政選挙に出たのは、七四年七月。参院大阪地方区に社会党公認候補として出馬したが、七〇万票近くを獲得したものの次点で落選した。その二年後に衆院選挙で初当選を果たすと、リクルートスキャンダルでの辞職を間にはさみ、九三年に落選するまで衆議院議員を六期にわたって務めてきた。

七六年、同氏が初めて衆院選挙（旧大阪四区）に出馬したときのプロフィールでは、次のように紹介されている。

「大阪市東淀川区の貧しい家庭に生まれ、小学校六年生のとき、父親が病死。家計を助けるため、卓三少年は英語の単語カードを自転車に積んで、放課後、文房具店や学校へ売り込みに出かける毎日だった。それでも向学心を捨てきれず扇町第二商業高校（定時制）へ進学。卒業後、すぐに部落解放運動にとびこみ、平和運動民主運動のリーダーとして活躍してきた。『卓さん』と親《ママ》われる大衆性、抜群の行動力には定評がある。松原市の三DKの団地住まい。

▽（昭和）四十六年　反安保大阪府民共闘副議長▽四十八年　府中小企業連合会会長（中企連）、社会党大衆運動委員長、部落解放同盟大阪府連委員長▽四十九年　参

院大阪地方区惜敗▽五十年　大阪最（低）賃（金）制共闘会議議長、『いのちとくらしを守る会』会長」（『社会新報』号外・七六年四月四日）

　そこには、上田氏の「生活苦と不平等に挑戦」するという意思表明、「働くもの・中小企業・農業を守る上田卓三の政策」も掲載されている。この時期、上田氏は、部落解放同盟の幹部、そして大阪府連の書記長という地位にもあった。

　だが、このプロフィールからは、上田氏の思想遍歴の原点ともいえる、ある重大な経歴が抜け落ちている。上田氏には、社会党員になる前、日本共産党員として部落解放運動にたずさわってきたという過去がある。なぜ、共産党から社会党に移ったのか。それは、旧ソ連共産党から資金援助を受けて日本共産党内でいわゆる分派活動を行なっていた、志賀義雄代議士をリーダーとする「日本の声」派に属し、反党活動を行なっていたため、規約違反で共産党を追放されたからである。

　詳しくは別項（二二七頁）でふれるが、戦後の部落解放同盟の分裂と武装集団化（暴力的な糾弾闘争）は、こうした上田氏の思想遍歴が原点の一つになっていることは間違いない。加えて、当時の部落解放同盟大阪府連の少なくない幹部も、上田氏と同じく、「日本の声」派に属し、反党分派活動で共産党を追放された人間たちだった。

「解放同盟も大量入党　第一次七十人が結集」

　社会党大阪府本部の機関紙『大阪新報』にこんな見出しの記事が出たのは、七三年の年明けのことだった。記事は、入党者を代表して部落解放同盟大阪府連書記長の上田氏による決意表明について、こう伝えた。「総選挙を、全力をあげて闘った。しかし今こそ社会党を強めよう!——部落解放同盟大阪府連、各支部の幹部、活動家によって社会党への大量入党運動がすすめられている。

一月十五日午後六時から部落解放センターで『部落解放同盟第一次大量入党式』がひらかれ、党府本部三役らをはじめ、新入党者約七十人が結集。出席した社会党中央本部船橋組織局長は『社会党の一定の前進はまだ始まったばかり。国民連合政府を樹立する強大な党へ、共に闘おう』とあいさつ。新入党者を代表して決意表明にたった上田卓三府連書記長は、日本共産党の解放運動への敵対にふれつつ『部落解放を全国民の課題へと前進させるためには、労働者階級との結合、なかでも階級政党の強化と指導性が必要である。社会党の前進のために力を尽くしたい』とのべた」(『大阪新報』七三年一月二五日)

上田氏は、こうして当時の最大野党であった日本社会党に入党することで、新たに政治的野心を抱くことになる。それは、社会党を足がかりにして、国政へ打って出ることだった。このころの「部落解放同盟」は、あちこちで暴力事件や、傘下の幹部による汚職事件を起こして逮捕者を出していた。それは、同盟が利権集団化への道を突き進んでいた流れと表裏の関係で符合する出来事だったが、上田氏には、そうした「部落解放同盟」の力だけでなく、さらに別のバックボーンが必要だった。それが、冒頭で触れた「ティグレ」の前身、「中企連」である。

「中企連」が結成されたのは七三年八月。上田氏が社会党に入党してわずか七カ月後のことだが、上田氏は、かつて「中企連」について次のように語っている。

「私の選挙母体で、社会党のほかの方々と大きく違うのは、『中企連二万会員』の存在だろうと思う」（『月刊社会党』八六年一一月号）

「私の参議院選挙出馬を契機として『中小企業に政治の光を』を合言葉に結成された」（中企連20周年記念誌『中企連宣言』、九三年一〇月発行）

「中企連」とは、つまるところ上田氏が国政に進出するための〝集票マシーン〟ということになる。のちに詳しく触れるが、「中企連」は、一般の中小企業団体とはまったく異なる団体だった。上田氏自らが大阪府連委員長を務めていた「部落解放同盟」に対する国税当局の税優遇措置を背景にした、特別な団体だったのである。

一心同体だった解放同盟、旧社会党、中企連

手元に、「部落解放同盟大阪府連・中企連近畿本部合同選対活動者決起集会基調提案」（八九年二月四日）という文書がある。この文書は、当時の社会党参院大阪選挙区

候補・谷畑孝氏（現在は自民党橋本派所属議員）を当選させるための、解放同盟と中企連の選挙闘争方針書なのだが、その文面は、上田氏が落選した最初の参院選挙を振り返りながら、谷畑氏立候補の意義について、当時の部落解放同盟が前面に掲げていた「部落解放基本法への政治的力量をたかめるとともに、『いのくら』（編注：「解放同盟」の市民運動版組織『いのちとくらしを守る会』。会長は上田卓三氏）、中企連など周辺共闘をひろげ、第三期の部落解放運動の創造をめざす選挙」と位置づけたうえで、次のように続けている。

⑴燃えに燃えた上田参院選挙

15年前の1974年7月7日、参院大阪地方区選挙で上田卓三（部落解放同盟）委員長は、698、481票を得票したが、共産党に惜敗し、次点となって涙をのんだ。

上田委員長の参院選出馬が決まった当初、36歳の無名の新人、しかも部落差別というあつい壁のもとで、〝泡沫候補〟のレッテルさえはられたものであったし、解放同盟出身の議員も少なく選挙闘争についても不慣れであった。中企連は、この選挙戦の準備過程の中で結成されたのだが、まだ看板だけの組織にすぎなかった。

それでも、上田委員長の果敢な闘争心と府連の総力をあげた運動が、ついには一大旋風をまきおこした。反差別の旗をかかげ、平和と人権、政治革新を訴える社会党の若きエース、上田卓三への共感の渦がひろがり、選挙終盤には「当選圏内入りか」と報道されるまでになった。けっきょく、共産党の差別キャンペーンもあって、あと一歩及ばず、全国最高の次点に終ったのである。

(2)飛躍的に成長した解放同盟・中企連

結果は落選であったが上田参院選は、部落解放同盟の存在を内外に印象づけるものであった。この選挙によって、上田委員長は、真に社会党の若きエースとして評され、二年後には、大阪四区から衆議院候補に推され、みごと当選した。中企連は、上田選挙を機に大阪府下各地に、さらに全国にひろがっていった。部落出身議員も急増し、荊政会（同和地区出身者で、解放同盟が推薦する議員の集まり）は、今日38名の大所帯となったし、中企連議員も28名にまで増加した。

15年前、谷畑孝さんは、府連青年部長として、上田参院選に青春を賭けて走りまわった一人であった。めぐりめぐって、今度は自ら候補者として、上田参院選の夢を再び追い求めることとなったわけである。

(3)上田代議士復活のためにも

昨年11月4日、上田代議士は、リクルート疑惑でマスコミに名前を報道され、政治的道義的責任をとって議員を辞職した。上田代議士のまったく関知しないところで、元秘書がリクルート社の公開株を売買したわけだが、宮沢蔵相や自民党議員が責任を他になすりつけ、居直っているなかで、上田代議士は、辞職というもっとも厳しい決断を選択し、身を切ってリクルート疑惑徹底解明、自民党糾弾の火の手をあげたのである。

われわれは、いま、12年間守り続けた上田卓三の議席を失った。しかし、上田代議士、上田委員長への支持・信頼にいささかの動揺もない。むしろ、挑戦者に立ち帰って、再び上田卓三を国会へ返り咲かすために、全力をあげなければならない。

谷畑氏はこの五カ月後の八九年七月、参院選に立候補したが、上田氏がリクルートスキャンダルで辞職していたため、選挙は重大な政治決戦の場となっていたわけだ。この参院選で、上田氏が機会あるごとに「手塩にかけて育てた」と売り込んできた谷畑氏は、当時の社会党委員長・土井たか子ブームに乗って、大阪選挙区でトップ当選する。谷畑氏の当時の肩書きは、部落解放同盟特別執行委員で、「中企連」副会長、そして社会党大阪府本部副委員長だった。解放同盟、中企連、社会党は一体だったのだ。

リクルートスキャンダルと中企連の内紛劇

先の文書もふれているが、当時の上田氏は、元秘書で「中企連」東京本部事務局次長・吉田勝次氏が、未公開のリクルートコスモス株五〇〇〇株を一〇〇〇万円で譲渡され、これを二千六百数十万円で売却し、約一六〇〇万円の売却益を得ていたことが発覚、いわゆるリクルートスキャンダルで実名が挙がったため、その責任を取るかたちで議員を辞職していた。

辞職表明直後、大阪で開かれた社会党大阪府本部のレセプション（八七年一一月七日）で演壇に立った上田氏は、「リクルート問題では私は潔白です。このことはいずれ明らかになるでしょう。私もその努力をする決意です」と釈明し、辞職の経緯を次のように説明した。

「次期立候補を止《や》めるとか、離党するとかも一つの考え方かなと思ったが、それは党に責任を取ったということで、国民に責任を取ったということではない。党内のほとんどは、私のことを理解してくれていると思うが、中にはどうかと思っている人もいよう。悪いことをしたというたら、委員会にかけられてもいいが、いたずらに費やす時間もない。政治家の責任の取り方は国民にわびるか、辞めるかだ」

「疑惑が出だした七月以降、三回以上何度も元秘書から聞いてきた。本人は『絶対関与していない。シロです』という話だった」

「彼は一〇年前の秘書。昭和五一年に私が当選して、東京の活動の拠点を作るときに、翌年の五二年から五三年にかけて、私設秘書として働いてもらった。今は、中企連の東京事務所の幹部として働いている。党員ではない。私の団体なので監督不行き届きということだ」

当時、上田氏は、このリクルートスキャンダルを「権力の陰謀」と声高に叫んでいた。一方で、周囲には言いたい放題だったようだ。

「本人（吉田勝次氏）が関与してない言うてるもん。それ以上どうせい言うねん」「社会党の国会議員もまだ三人おる。わしの名前が新聞に出たことで土井委員長が委員長をやめそうやさかい、辞職したんや」「こんなん、話あったら誰でも買うわ。なあ○○君」

結局、上田氏がそれ以上追及されることはなかったが、リクルートスキャンダルは「中企連」を直撃し、三カ月に及ぶ内紛劇へと発展することになる。

まず、議員辞職から一〇日後の一一月一四日、七三年の中企連発足以来、上田氏を陰に陽に支えてきた盟友・小坂貢氏がリクルート問題に関連して監督不行き届きなどの責任を取って「中企連」事務局長を辞職。小坂氏は元税務署員で、部落解放同盟直結の業者団体・大企連事務局長だったのを、上田氏が「中企連」の発足時に引き入れた、いわば恩人のような存在だった。

次いで一二月二日付で、上田会長名の中企連近畿本部通達第一号が出され、「人事一心《ママ》」を目的に、「中企連本部及び近畿本部新体制」の人事異動と組織変更が行なわれた。「中企連」は、八七年五月の会議で、組織を、上田氏の選挙区でもある大阪四区内、四区外、東京・地方に三分割し、それぞれが独立採算で運営していくことが決まっていた。通達の内容は、この組織体制を元に戻し、再び一本化するというものだった。

　ところが、内部から即反発が起こり、「発令を拒否し、従来路線を堅持する」との文書が、「近畿本部運営委員会」名で、上田会長のもとに送りつけられる事態となった。これに対して、翌三日付で、上田会長と近畿本部の谷畑本部長の連名による次のような通達第二号が発令された。

「これはあきらかに統制違反であり、到底許しがたいものです。上田会長は、通達第一号による辞令を撤回、再度の発令を行うこととし、同時に一部の者についての処分を決定しました」

　処分の内容は、当時の中企連近畿本部事務局次長、組織部長、総務部長ら六人に対して「一切の役職を解任し、処遇を検討する。当分の期間、自宅待機」、さらに企業対策室の三人を「著しい組織破壊と背任の事実」から、「一二月三日付をもって懲戒免職、解雇処分」にするという厳しいものだった。そしてこの三人の解雇処分は、一二月一〇日付の『中企連新聞』に、上田会長談話として発表された。

被差別部落大衆にどう報告するのか！

のちに結成された「中企連闘争委員会」発表の「上田中企連会長　1988年12月3日中企連本部（オルガンビル）数百人の暴力集団により占拠——その真相と経過——」（八八年一二月二一日）には、当時の様子がこう描かれている。

「彼らは、こういう横暴な組織強奪を実行するため、上田会長が一定の影響力を持った組織から数百名の外人部隊の動員を要請し、三日午後、近畿本部のあるオルガンビルに侵入、いあわせた職員を追い出し、組織発行物、私物の区別を問わず一切の文書、書類、通帳類、有価証券などを奪い、あまつさえ中企連とは何の関係もない民間企業も同居している同ビルで、バリケードをつくるという暴挙をあえて行ないました」

「さらに五日には生野事務所、谷町事務所、守口事務所、中企連新聞発行所を多人数で襲い、同様に彼等が必要とする文章《ママ》ならびに預金通帳を持ち去りました。とりわけ、谷町事務所では、家主をだまし鍵をこじあけるなど悪質地上げ屋でもやらないような暴挙を遂行しています。こうした不法行為は、事務所襲撃、諸書類強奪だけでおさまらず、その後もオルガンビル5階を占拠し続け、C（本文は実名、企業対策室幹部）、M（同）宅などへ10日間にもわたって脅迫電話を繰り返し、さらにはその知人や会員に対して、3名の解雇文書を7枚も8枚も送り付け、電話で脅迫までするという低劣な寓行《ママ》を繰り返しています。また、『机の中の物は全て、ケシゴム1個にいたるまで自分の物』と上田会長は絶叫し、個人の実印や、預金通帳、会員から預かっている不動産の権利書通帳まで不法にも取り上げ、その上、他人の預金を勝手に解約するという事までやっています。これは明らかに窃盗、詐欺です」

「以上が大雑把なことの経過であり、真実です。いやしくも『人権』の上田を看板とし、被差別者、弱者救済を旗印にし、つい先日まで社会党の国会議員であった人物のとるべき態度でないことは、誰の眼にも明らかであります。周知のように上田会長はリクルート疑惑に関して、自らは『全く関与しない』と弁解し、元秘書吉田勝次も『自分がひとりでやった』と供述しています。しかし、世の人々の大部分は、この発言にいまもなお強い疑いを持っています。もし、本人がその意志を明らかにしているように次期衆議院選に立候補し、国会議席を回復したいなら、こういう事態の中で一連の中企連近畿本部に対して行なった強奪行為は、どういう意味を持つかは、明らかです」

　中企連内部では、よほど上田会長に対する不満が充満していたとみえ、こんな内部告発文書も流れた。

「上田は中企連の代表者か　上田は『私が中企連の社長だ』という発言をあちこちで

している。三人の解雇通知にしても中企連代表者　会長上田卓三と明記してある。もし上田卓三が中企連唯一の代表者ならこの15年間中企連から得た利益を確定申告したか。15年間中企連があげた利益を一度も申告していない。このため中企連上田卓三は莫大な財産をきづ《マ》い《マ》た。●中企連事務所だけでも全国50ケ所以上（多い時は74ケ所）1ケ所一千万円としても5億●中企連顧問代議士には、盆暮れには百万づ《マ》つ《マ》渡しているといわれている●電話回線だけでも１５０本●三分割以前の中企連本部の予算は年間12億だ」

「もし中企連の代表者が上田卓三なら、職員２５０名に支払っている給料の源泉徴収義務者は上田卓三だ。中企連職員２５０名以上。給料一人平均20万円（運動費とか活動費として、毎月支払っていると言い訳しているが、名目はどうあれ給料とボーナスである）。ボーナス　年2回　3ケ月（冬2カ月夏1カ月）２５０名×20万×（12ケ月＋3ケ月）＝7億5千万円。年間少なく見積もっても7億5千万円の給料を支払っている。これに最低の源泉税率一〇％をかけても、年間７５００万円の脱税である。これを15年間ごまかし、1円の源泉税も支払っていない」

「上田卓三が中企連の代表者なら中企連職員が加入している●社会保険●厚生年金保険●雇用保険　これらの雇用主でなければならない（実際には、小坂貢事務局長が雇用主として登録されている）。

ところが、中企連は、社会保険、厚生保険の掛金の基準になる給料を支払っている額の2分の1に落として算出している。あとの2分の1はごまかしている。雇用保険については基準の給料を10分の6に落として算出し掛け金をごまかしている。これらのごまかしの責任を、代表者はどうとるのか」

「上田卓三が中企連の代表者なら、61年に部落解放大阪府企業連合会の裏金8億円のうち2億円を中企連が流用した責任は上田がとるべきだ。この責任を小坂事務局長のみに負わせたので、その返済の為、63年（昭和）の上田の新年パーティーに売り上げ1億円ものノルマをきせられ、我々は苦労したのだ。大和銀行桜川支店にある裏金は、どう、被差別部落大衆に報告しているのか」

結局、こうした「告発文書」などがばら撒かれるにいたって、同年暮れの一二月二八日、中企連近畿本部から持ち去られた通帳や現金、書類などが、弁護士を通じて闘争委員会側へ返還された。そして、占拠から三カ月後の二月一〇日付『中企連新聞』は、その一面に上田会長名で次のような『お詫びとお知らせ』を掲載した。

「組織破壊・統制違反・背任横領を理由として、懲戒解雇した」企業対策室の幹部三人について、「その後調査を進めた結果解雇理由が存在しないことが明らかになりましたので、右三名の解雇を撤回致しました」。そして三人は、「円満退職をされるということで全面解決を見ました」と結んでいた。

要するに、上田氏側に非があったと、自ら認めたということである。

しかし上田氏は、どうやら組織内からの批判に対して、全面的には反省していなかったようだ。というのも、この内紛中の八九年一月六日、大阪のホテルニューオータニで、恒例の新年互例会を開催し、会費二万円で資金集めをやっている。当時はリクルートスキャンダル発覚で、自民党議員の間でさえ、資金集めパーティ自粛の声があったほどだ。加えて、元秘書の行為とはいえ、「責任を取る」と議員辞職までしていたのに、である。

さらに、こんな事実も露見している。

同じ年の四月には、「中企連」副会長で、社会党大阪府本部副委員長だった谷畑孝氏が、前年八八年二月の参院大阪選挙区補欠選挙に出馬した際、JR大阪駅前第四ビル内にあったリクルート社に一三〇本の臨時電話を設置し、陣営の選挙運動電話センターにしていたことが発覚した。

また、前述した八九年七月の参院選挙では、「社会党参議院議員総合選挙闘争本部・市民選対」事務局長、同次長、「部落解放同盟中央本部」糾弾闘争・人権闘争本部書記などが、一〇名連記の谷畑支持紹介カードを持参して、「同和問題企業連絡会」(同企連)会員の大手企業を訪れ、谷畑支持を強要。貝塚市では、市所有のマイクロバスを「解放同盟」支部が選挙運動の足に使っていたことも判明している。「差別」を票に換えたと言われてもいたしかたない所業である。

大阪国税局と「解同」との密約

「中企連」は組織内の人間を、衆参両院に議員として送り込み、加えて、社会党の多くの国会議員を顧問として抱えるまでに肥大化したのだが、では「中企連」のそうした力の源泉とは、なんだったのか。それは部落解放同盟の頂点にも立った上田氏自身の力の源泉でもあった。

「中企連」発足時からリクルートスキャンダルを契機に辞任した八八年暮れまで、その事務局長を務めた小坂貢氏によると、そもそも「中企連」は、「大企連（六七年一一月に結成された、部落解放大阪府企業連合会の略称。会長・山口公男解放同盟大阪府連副委員長＝当時）の闘いの成果を、一般の中小商工業者に広げようということで始まった」（『限りなき前進』――中企連十年の歩み）という。

中企連元幹部の一人は、団体の成り立ちについてこう証言している。

「実際のところは、大企連のもつ影響力を最大限利用するためにつくられた団体。税金対策や行政への発言力など仕事の面だけではなく、会員の獲得でも、同和建設協会（＝同建協、一六四頁参照）など大企連傘下の組織と企業から、下請けなど関連業者を紹介させるかたちでスタートした」

実際、中企連発足時の「大企連」事務局長も小坂貢氏が務めていた。では、小坂氏が語る「大企連の闘いの成果」とは何か。それは、六八年一月、当時の高木文雄大阪国税局長と部落解放同盟中央本部、大企連との間で結ばれた『七項目の確認事項』のことである。

「企業連を窓口として提出される白、青色を問わず自主申告については全面的にこれを認める」「内容調査の必要がある場合には企業連を通じ、企業連と協力して調査にあたる」「同和事業については、課税対象としない」……。

なんのことはない、部落解放同盟、大企連を経由した税金の申告書は、どんな内容であろうと事実上フリーパスという確約をとりつけた、ということである。

翌六九年一月には、この「大阪方式を他の府県にも適用する」といった確認が、大阪国税局長と部落解放同盟近畿ブロックとの間で交わされ、フリーパスは全国に拡大されていく。

そして、この二つの確認書に基づき、七〇年二月、「同和問題について」と題する国税庁長官通達が出され、全国の税務署に「同和地区納税者に対して実情に即した課税」を指示した。『七項目の確認事項』を国税庁が公認したのである。税金の課税・徴収は税法に則して行なうのが決まりなのに、本家本元の国税庁長官が、「同和」という理由で率先して原理原則を破ってしまったのだ。

以降、この「七項目」は、同和対策事業特別措置法の期限切れ（七九年）を前にした七八年一一月、大企連と当時の篠田信義大阪国税局長との間で「新七項目」として新たに確認され、今日に至っている。

もちろん表向きは、国税局も大企連もこの「七項目確認」については否定しているが、現職の税務署職員は大阪府下の事情をこう語る。

「今年（二〇〇二年）三月の地域改善対策財政特別措置法の法期限切れや一連の同和脱税事件を契機にして、今はさすがに調査に入るケースもありますが、これも、事前に大阪国税局の担当課長と大企連とが打ち合わせをして行なわれます。各税務署に、年二、三件調査対象があったとしたら、そのうちの一件を選んでやるだけです。それも、解放同盟の本筋の企業は外して行なわれます。大企連は大企連で、調査があれば、もともと脱税額が大きいわけですから、その分多額の税務相談料を受け取ることができ、むしろ、会員に税務署の調査が入れば利益になるような仕組みになっているんです」

「七項目確認」についてはどうか。

「大阪国税局は、定期的に税務署の幹部を集めて同和研修会を開いています。私も、かつて出席しましたが、来賓席には大企連や同建協、解放同盟の幹部がズラリと顔をそろえていました。研修会では、解放同盟の主張はもちろん、税務行政についても講義します。その席で配布された資料にも、『税の執行機関は、七項目確認について誠意を持って対処しなければならない』と書いてありました」

〝脱税黙認システム〟の一部始終

では、その「七項目確認」がどう実行されてきたか、詳しく見てみたい。

別の現職税務職員によると、大企連会員の申告書には、「解放同盟」「大企連」の判が押され、「調査カード」には黄色のテープがつけられていることから、税務署員の間では〝金ラベル〟とも呼ばれていたという。「調査カード」は、税務署の所得・法人部門の筆頭官である第一部門の統括官、いわゆる「一統官」の厳重管理のもとにおかれ、税務調査をするなどということはまずなかったようだ。

春の申告期が終わると、税務署は一斉に納税者の「申告」内容の事後調査に入るが、この段階で「同和」と「一般」とを早くも区別する。

たとえば、国税当局が各税務署の統括官(課長級)宛に出した「所得税及び資産税の申告内容検討基準表」という内部文書がある。ここでは、譲渡所得の調査対象者は、一般三〇〇〇万円以上に対し、同和は六〇〇〇万円以上と二倍も甘くなっている。必要経費についても、過大と見なすものは、一般は三〇%を超えるものであるが、同和は譲渡価格の五〇%を超えて初めて「過大なもの」となっている。

加えて、大企連会員の場合、税務署が脱税の事実をつかんでも追及しない仕組みになっていた。

たとえば、大阪国税局が各税務署の管理・徴収部門の統括官以上に出した「同和速報」第五十五号（昭和五一年四月六日）には、「企業加入者に対する更正（決定）に係る管理・徴収部門における事務処理について」と標題がついている。

普通、不正（過少）申告や無申告を見つけた場合、税務署は税金の更正・決定処分を行ない、納税者に通知する。税金の徴収に応じない場合は督促状を出し、それでも納めないときは財産の差し押さえ処分の手続きをとる。

ところが、この「同和速報」によると、「更正（決定）通知書を企連事務局経由で送達したもの」は、「督促期限」を「70・12・31」（昭和七〇年一二月三一日）とコンピュータに入力するよう指示している。一般には、徴収の時効は五年間である。これをはるかに上回る二〇年間も保留にするということは、初めから差し押さえはしないと公言しているも同然だった。

さらに、未納者に対する「督促状」は、「統括官（課長）または統括官が指定する上席」など、特定幹部が「手作業」で作成し、受け取った「企連事務局」が一件一件見られるよう「封筒は開封のまま」としていた。送る方法も、各税務署の判断で選択してはならず、「当局（大阪国税局）管理課で決定の上、その都度別途連絡する」という気の遣いようである。

「滞納」についても、「別途連絡するまで一切整理を行なわない」とされ、取り扱い部門は、大阪国税局の「特別整理部門」とされていた。一〇〇〇万円以上の大口滞納者であっても、各税務署は大阪国税局に報告しなくてもよしと、大口脱税も見逃していた。

さらに、「企連」加入者の税金の徴収、滞納処分などの関係書類は「すべて署長室に保管」し、一般納税者とは区別していた。「定期異動の際には的確に事務引継ぎをおこない無用のトラブルの生じないよう注意する」とも指示していた。こと「同和」ともなると、ハレモノにでも触るような優遇措置が取られてきたのである。

つまり、大企連会員に準じた扱いを受ける「中企連」会員には、程度の差こそあれ、はなから税金が安くなる仕組みがあったのである。これが、小坂氏の言う「大企連の闘争の成果」なのだった。

さらに別の税務署職員は、全盛期の中企連優遇ぶりについて、こうも証言している。

「私の体験でも、中企連会員の調査に市会議員でもある幹部が介入してきて、所得を数千万円チャラにされたことがある。一〇〇〇万円の所得であれば三、四〇〇〇万円、二〇〇〇万円の所得であれば五、六〇〇〇万円と、半分あるいは三分の一に圧縮される。こうした例は大阪で一千件とも二千件ともいわれています。おかしいと思っても、上も下も、どうすることもできません」

なぜ、どうすることもできないのか。その税務署職員はこう答えた。

「七項目合意というのがあるからです」

当初、数百名で発足したといわれる中企連は、その後、会員数を増やし続け、内紛が起こった当時、大阪だけでも二万数千人（上田氏の選挙区では約八八〇〇人）、全国まで含めると約三万人の会員数を誇った。肥大化するにつれて、組織の全国化が図られ、その総責任者がリクルートコスモス社の未公開株を譲渡されていた上田氏の元秘書、吉田勝次氏だった。

中企連内では、大企連に準じた優遇措置を「節税」と呼んでいた。そして会員から、節税額の二〇％を「節税カンパ」として徴収していた。上田氏の選挙区内だった中企連東大阪事務所の内部資料によると、八八年三月の確定申告で、会員から一億五〇〇〇万円の「節税カンパ」を集めたことになっている。こうしてみると、中企連はまさに、上田氏、そしてのちに上田氏を中央副委員長に迎えた社会党にとっても、票にも金にもなる〝打ち出の小槌〟だったのである。

「パチスロ事件」が炙り出した呆れた実態

だが、ある大がかりな脱税事件が摘発されたことがある。大阪地検特捜部が摘発した、いわゆる「パチスロ事件」のことだ。

八六年四月、パチスロ＝パチンコ型スロットマシンの大手販売会社「東京パプコ」とその系列四社が摘発され、七人が法人税法、物品税法違反で逮捕された。パチスロの販売台数をごまかすなど、脱税率は九八・五〜九九・九％とほとんど無申告状態で、脱税額は三七億一二〇〇万円と、当時としては史上最高額だった。

そのとき、脱税の指南役として逮捕されたのが、「中企連」本部参与で、南事務所所長の中谷善秋氏だった。東京パプコは中企連の会員。指南役の中谷氏が受け取った指南料は七億円で、うち五億円が中企連に献金された。捜査では、東京パプコグループとパチスロ業界組織「日本電動式遊技機工業協同組合」（日電協、理事長・柿内正美元山形県警本部長＝当時）から、自民党員党友費、パーティ券代、事務所事務員人件費の名目で、警察官僚出身の自民党参院議員・下稲葉耕吉（元警視総監）、鈴木貞敏（元警察庁長官）、海江田鶴造（元近畿管区警察局長）の各氏に、計六三五〇万円もの政治献金が流れていたことも判明している。

一審判決（八九年七月六日）は、「同和団体の組織を利用したこの種の脱税については、従来の税務当局の対応にも問題がなかったといえず、これがまた、本件各犯行の重大な背景事情となっていたことも否定できない」と指摘した。

事実、八九年五月の公判で証言した二人の会社社長は、事件の中心人物「東京パプコ」の古田収二社長から脱税指南役の中谷氏を紹介され、「(古田社長から)部落解放同盟の組織で、税金は安くなり、一括申告するので税務調査もない」と聞いて大企連に加入。「解同」系業者を装うために、会社の社長を中谷氏の実母名義に変更し、八四年の四月期に申告。その際、利益を四億三〇〇〇万円に圧縮＝脱税し、納税額を九〇〇万円ぐらいにして申告、その後、中谷氏の事務所に行き、カンパとして小切手二五〇〇万円、手形二五〇〇万円を手渡したという。

公判では、中谷氏自身が、税務署と癒着して行なわれてきた大企連、中企連の脱税の実態と上田氏との関係を生々しく証言している。その一端を八八年一二月二一日、大阪地裁で開かれた第四一回公判の中谷氏の供述から詳しく見てみたい。

中谷氏が、事務局長が同一人物であるなど、「中企連」とは「兄弟や親子のような関係」にある「大企連」に入会したのは、七〇、七一年ごろ。父親の商売が税務署の調査を受けたのがきっかけで、「部落解放同盟」支部長とともに税務署に行ったところ、「大企連のハンコ押してくれたらええねんがな、それやったらようわかるから調査あらへんねん」と税務署員に言われたという。それ以降、税務署は、調査に「全然入ってきません」「すっと引き上げ、何もない」状態になったという。

ご丁寧なことに「中谷」の印鑑も税務署がつくってくれ、「部落解放大阪府企業連合会員之証」の判だけ押した「白紙」の申告書を税務署に持っていけば、所得の記入項目などはすべて税務署が書いてくれた。申告書そのものも「(提出)」していないときも多々あり」、税金は税務署宛に「適当に振り込」むだけでよかった。

大企連加盟業者に税務調査が入らないことは、税務署幹部や税理士から、「大企連やったら、なんぼでもええねん」「ようけ払わんでええ」と繰り返し聞かされていた。その中には、大阪市内の税務署長や副署長、幹部経験者OB税理士の名前も登場する。

パチスロ事件が摘発される前、「月に五千万円楽に超える」ほど利益が大きかったため、中谷氏は、二〇%の税金がかかる物品税について、「中企連」事務局長の紹介で、税務署OB税理士に相談している。現役時代から「中企連本部へ遊びに来て」いた中澤税理士である。

法廷ではこのときのやりとりが再現された。

【弁護士】中澤さんはどんな話されたんですか。

【中谷被告(当時)】大企連から申告しますねん言うたら、大企連やったら別に申告せんでもええがなと、そんなわけに先生いきまへんやろ、月に五千万円楽に超えますねん言うたら、それは大丈夫、大丈夫、大企連やったら別に調査あれへんのやから、あそうですか言うて、話してました。

【弁護士】額について正しく申告せんでもええと言われたんですか。

【中谷被告】正しいどころか、申告せんでもええと言っていました。

それでも利益が膨らみ巨額になってきたため、中谷氏が再び中澤税理士に相談したところ、パチスロ会社の税務申告上の所在地・羽曳野市を管内に置く富田林税務署に連れていかれ、間接税担当の「石田」という統括官に引き合わされた。

石田統括官は、「申告書ぐらい自分とこで書いてくれなあかんで」と言いながらも、中谷氏がこれまで出していなかった申告書については、「うちとこで書いてあげるからな」と言ったという。さらに、その場でパチスロ会社に関わる物品税の資料を税務署側が「ようけ書類がある」と言って持ってきたが、中澤税理士が笑いながら、「ああ、そんなんほっとき、破ってまえ」と言ったので、結局引っ込めてしまったという。

それでも心配だった中谷氏は、税務署に行った後、納税額を「多め」に申告した。ところが、先の中澤税理士から、こんな電話がかかってきたという。

「税務署から電話がかかってきた。中谷君、お前何してんねん。税務署びっくりしとるやんか。そんなようけ払うたらあかんがな」

結局、減額して申告し直したという。

消えた国税局職員の名刺

調査フリーパスの大企連には、税務署OBも群がっていた。中谷氏の陳述によると、大企連への入会には同和地区出身者であることが必要で、審査は部落解放同盟支部長に一任されていた。だが中谷氏は八三、四年ごろから、何人もの税務署OB税理士に頼まれ、その資格がないのに二、三〇人の顧客を大企連の会員にしたという。なぜ、OB税理士がその顧客を「大企連に入れてくれ」と頼んできたのか。公判でのやりとりから見てみよう。

【弁護士】プロの税理士さんが頼みにくるわけでしょう。大企連に入れて欲しいということでね。どういうふうに思われました。

【中谷被告】それは調査がないから自分らで適当に書けるからと思いました。

【弁護士】正しい申告をするんだったら、別に大企連なんか入らなくてもかまわないわけやね。

【中谷被告】はい、そう思います。

【弁護士】大企連に入ると調査がないし、税金が安くなるというか、そんなふうになると思ったわけ。

【中谷被告】はい。

依頼人にはＯＢ税理士だけでなく、現役の警察官や大阪府庁の役人もいた。こうした〝ニセモノ〟の大企連会員には、大阪市内日本橋のディスカウントショップや二部上場会社も含まれていた。その数は「大企連の会員が八〇〇〇人とすれば、二割弱の一四〇〇〜一五〇〇件」もあった。ニセモノについては、税務署もある程度把握していて、署員が「うまいこと逃げ込みやがったな」と口にすることもあったという。

中谷氏は、公判でほかの会員の脱税についても触れている。その影響からか、パチスロ事件摘発後、たとえば、大阪府下の食肉業者は修正申告して、一〇〇億円もの税金を払ったという。反面、兵庫県にある有名な毛皮会社が修正申告したとき、本来納めるべき税金は一四〇億〜一五〇億円だったが、税務署と交渉し、一二、三億円で済んだという話も伝わってきた。

税務署員への接待話も出てくる。中谷氏が、パチスロの利益が膨らみすぎて税金のことが心配になり、税務署ＯＢ税理士に連れられ、富田林税務署統括官に相談した直後の八五年一二月ごろのことである。


【弁護士】だれの紹介で会いました。

【中谷被告】それは、中企連の小坂局長が、その日に電話がかかってきて、富田林のあれが皆あれするから名刺交換だけでもしといたらどうやということで呼ばれていきました。

【弁護士】富田林の人と中企連の人が会うということだったんですか。

【中谷被告】中企連も大企連も兼ねてと思います。

【弁護士】行って、どういう人と名刺を交換しました。

【中谷被告】署長、副署長、総務課長、もう向こうの幹部はほとんど来ていました。

【弁護士】何人ぐらい来てたと思います。

【中谷被告】十ちょっとぐらい来ていたと思います。

【弁護士】場所はどこですか。

【中谷被告】ミナミのコートダジュールという韓国料理屋さんです。


この会食の場で交わした名刺をめぐっては、後日談がある。パチスロ事件は大型の脱税事件ということで、大阪国税局の査察部、いわゆるマルサが、大阪市内の中谷氏の事務所を家宅捜索した。ところが、その直後に、中谷氏が受け取った富田林税務署幹部の名刺は、全部消えてしまっていたという。それだけではなかった。中谷事務所にあった大阪国税局の職員の名刺すべてが、なくなっていたのである。

【弁護士】その名刺（富田林税務署幹部の）をあなたはどこに置いてました。

【中谷被告】自分とこの事務所に置いてました、全部。

【弁護士】その名刺はいまどうなりました。

【中谷被告】検事さんにも言われましたけど、その名刺……ものの見事に税務署の名刺だけは一枚もなかったです。

【弁護士】あなたが名刺を置いていた場所に国税局のほうが、いわゆる捜索令状持って入ったことがありますか。

【中谷被告】あります。

【弁護士】それ以前までにその場所に名刺はあったんですか。

【中谷被告】全部ありました。

【弁護士】そうすると、あなたとしてはそういうのは全部押収されたと思ってたんですね。

【中谷被告】はい。

【弁護士】検察官の手元にいっているとあなたは思っていたんですね。

【中谷被告】当然いってると思っています。

【弁護士】ところが、あなたの取り調べで検事は税務署の名刺がないやないかと、そう言われたんですね。

【中谷被告】うん。税務署の名刺だけなかったです。

【弁護士】あなたが持っていた税務署の人の名刺というのは、いま言われた富田林税務署のその名刺だけですか。

【中谷被告】いや、局の名刺もいろいろありました。

【弁護士】それも全部なかったんですか。

【中谷被告】税務署関係の名刺だけは見事になかったです。

【弁護士】あなたがその名刺があったということを検察官に説明したんですか。

【中谷被告】はい、しました。

【弁護士】検察官はどういっておられた。

【中谷被告】あいつら自分とこのやつだけはすばしこう隠してしまいよったな、いうようなことを言うてました。


大阪国税局自らが、脱税企業との癒着が明るみに出るのを恐れて証拠隠滅を図ったというわけである。パチスロ事件で中谷氏の取調べに当たった検事は、怒ってこう言ったという。

「中企連も大企連も税務署も皆共犯や」

上田卓三へのヤミ献金

公判では、中企連会長の上田氏と中谷氏との関係も取り上げられた。


【弁護士】前の衆院議員である上田卓三という人を知っていますね。

【中谷被告】知っています。

【弁護士】知り合いになったのは、いつ頃くらいですか。

【中谷被告】ちょうど参議院出はる前ですから……。

【弁護士】あなたが何歳の時のこと。

【中谷被告】二八くらいやと思います。

【弁護士】どういうことで知り合ったんですか。

【中谷被告】最初は知人が選挙の応援で連れて来ました。それで初めて知り合いました。

【弁護士】あなたは選挙の応援したんですか。

【中谷被告】しました。一生懸命。

【弁護士】どうしてそれをするようになったんですか。

【中谷被告】はっきり言うて、部落民やということで堂々と彼が名乗って選挙へ出るし、話していると非常に部落のことに対してものすごく理解があって、自分もいろんな目にあったということをいろいろ聞いて、ああこの人のために何かせなあかんということで一生懸命しました。

【弁護士】それまで、あなたはそういう自分自身で部落差別をなくすために何かしたということはなかったんですか。

【中谷被告】ないです。

【弁護士】あなたは自身は、部落差別をなくすために何かしたいという気持ち、あったんですか。

【中谷被告】結婚差別にあったときに、何かせないかんなという気持ちになりました。

【弁護士】具体的に始めたのは、上田さんに対する支援ということになるわけですか。

【中谷被告】はい。

【弁護士】部落解放同盟があるというのは、いつ頃から知っていたんですか。

からです。

【中谷被告】あるというよりも、自分で実感として知ったのは、やはり差別にあって
【弁護士】あなたが部落解放同盟の同盟員になった時期はいつですか。

【中谷被告】昭和四十五、六年と思います。

【弁護士】そうすると、上田さんと知り合う少し前ということになるんですね。

【中谷被告】ちょっと前です。

【弁護士】そういう上田さんの活動について、あなたのほうとして、いろんな援助なんかしたことはあるんですか。

【中谷被告】組織にしたことあります。例えば、人の動員とかいろんなことは自分なりに一生懸命やったつもりです。

【弁護士】金銭的なカンパなんかもしたことあるんですか。

【中谷被告】あります。

【弁護士】これはどこからお金を用立てしたんですか。

【中谷被告】自分でもうけた商売からです。

【弁護士】どれくらいの額をしたか覚えてますか。

【中谷被告】小一億くらいしたと思います。

【弁護士】何年から何年で。

【中谷被告】知り合ってから三年くらいの間やと思います。
【弁護士】あなたがそういうように支援したというのは、上田さんが解放運動をやって部落差別をなくしているから、そういうことからですか。
【中谷被告】自分は正直言うて、そういうように直接体験しましたんで、少しでもそういうことがなくなってくれればうれしいなという気持ちはありました。

公判で中谷氏の口から飛び出したこの一億円の献金は、当時の上田氏の政治団体の収支報告書にはどこをどう探しても見つからない。ヤミ献金だったということになる。

八九年二月、元幹部が中企連運動を総括したある文書で、こう指摘している。
「財政確保のためのヤバイ仕事は『上田軍団』のもっとも深部（パチスロや畜産振興事業団の事件など、とうに忘れて―権力は覚えているぞ―）で決裁をおこなうということに必ずなるということだ」

実際、パチスロ事件の中谷氏と公判に登場する税務署ＯＢ税理士は、イトマン事件の許永中被告の後見人だった大阪のフィクサー・野村周史氏が経営する会社の役員や、同被告がオーナーの会社役員に就任するなど、関西の地下経済界と深く関わっていた。

解放運動の理念からほど遠いもの

話を冒頭のパーティに戻したい。

上田氏の資金集めを目的としたパーティ好きは、今に始まったものではない。こんなこともあった。

衆院五期当選を果たした八六年の一二月に、上田氏は、東京と大阪のホテルニューオータニで「衆議院議員上田卓三一〇周年のつどい」を開催し、合わせて八〇〇〇人を集めた。東京の会場には、自民党の竹下登幹事長や橋本龍太郎運輸大臣（いずれも当時）が出席。のちに上田氏や中企連も反対した消費税を導入することになる竹下幹事長から「社会党のシャドーキャビネットの大蔵大臣は上田卓三さんだ。上田さんが言っていることを、自民党で取り上げたら間違いない」などと、天まで持ち上げられている。

上田氏は、九〇年二月の総選挙で返り咲いて六選を果たしたが、前述したように九三年七月の選挙で落選し、そのまま政界から引退することになる。この間の九〇年には、元中企連幹部が一億円のカネを使って、税務署職員一〇〇人を接待し、幹部職員二人に二〇〇〇万円の現金を渡すという前代未聞のニセ税理士事件を起こして世論が反発。その結果、「中企連」に対する税務署の方針がそれまでの大企連に準ずる扱いからはずされることになった。税務調査も行なわれることになった。

そんな情勢のなか、新たに発足させたのが、中企連にかわる「ティグレ」だった。

この間に、上田氏は、部落解放同盟委員長の座も降りている。

上田氏の知人の一人は、こう言う。

「上田氏はある時期から、これからは社会党だけではダメだ、全方位外交でやると言い出した。選挙にも再出馬するつもりでいた。狙っていた社会党委員長に、議員同期生の山花貞夫氏（故人）が先になったため、相当、落ち込んでいた。解放同盟委員長の座も事実上、追い出されたようなもので、そういったこともあって、子飼いの谷畑氏を自民党の橋本派から出馬させた」

自分の稼ぎから一億円を献金したという中谷氏の思いとは裏腹に、上田氏の足跡を追っていくと、それは崇高な部落解放運動の理念からは、ほど遠いものだった。

【太田房江、山口組五代目、鈴木宗男――食肉利権が生んだシンジケートの正体】

謎のフィクサー「ハンナン」人脈の黒い面々

グループ・K21

その人物の名前が初めてマスコミに登場したのは、今から十数年前、一九八七年一〇月のことだった。農林水産省の外郭団体「特殊法人農畜産業振興事業団」（東京都。以下、畜産振興事業団）の食肉部長・青山豊容疑者（五二歳、当時）に六〇〇〇万円のワイロを贈ったとして、贈賄容疑で警視庁に逮捕されたのだ。その人物とは、のちに大物フィクサーと呼ばれることになる、大阪府羽曳野市の食肉販売業者「ハンナン」会長の浅田満容疑者（四八歳、当時）。

「ハンナン」の出入り業者は、浅田氏についてこう話る。

「そりゃ、儲けの桁が私らとは一桁も二桁も違いますわ。会社をなんぼでも持って、直轄とまったく別の会社とに分けてます。食肉だけではなく、医療福祉、さらに中部国際空港（愛知県）の埋め立て用土砂採取利権にまで手を伸ばしています。ただし、浅田さんの会社とはっきりわかるのは数えるほどで、ほとんどが別名の会社になってますわ。一声かければ、そうした傘下の企業から集められる金は、五〇億とも一〇〇億ともいわれてます。自宅は、豪邸というより、ゲストハウス。池に泳いでいる鯉は一匹一〇〇〇万円と聞きます。

ただ、これは本宅の話で、別宅もあるんですわ。操縦士付きの自家用ヘリコプターを持ち、東洋一と言われている所有船でオーストラリアから牛を買いつけて船の中で解体して、そのまま、小売り店に卸している。北海道や鹿児島には牧場も持ってます。日本にも外国にも土地がぎょうさんある。アメリカとオーストラリアには、現地法人四社があるともいいます。ゴルフ場も三つ持っていて、それぞれプライベートコースがあるということです。とにかく、桁違いのお金持ちですわ」

浅田氏が経営する「ハンナン」（本社・大阪市中央区）は、四七年、実父が食肉卸売業の浅田商店を創業したのが始まり。七三年に「阪南畜産」と名称を変更し、八五年にはグループを統合する「ハンナン」を分離設立し、今日に至っている。冒頭でふれた贈収賄事件当時の資本金は、四億六〇〇〇万円。業界関係者の間では、その儲けぶりについて、「日銭一億円」といわれ、事実その年商は、約一四〇〇億円にも上っていた。また、八七年、大阪地検特捜部が摘発した中企連、大企連会員グループによる巨額脱税事件、いわゆるパチスロ事件（九八頁参照）の後、大企連会員の「ハンナン」は巨額の修正申告をし、一〇〇億円もの税金を支払っていた。民間調査会社のデータによれば、狂牛病騒ぎが起こる前の近年の額ではあるが、食肉関係のグループ総売上高は、三〇〇〇億円にも上っている。

浅田氏とは、いったいいかなる人物なのか。部落解放同盟をバックにして輸入食肉業界の頂点に君臨し、中央の政界とも太いパイプを持ち、大阪府政の背後に暗躍するフィクサー、浅田満氏にまつわる謎を追った。

「肉の天皇」との癒着

逮捕された当時、浅田氏は、各府県にある同和食肉事業協同組合の輸入肉の共同購入などを取り仕切る、全国同和食肉事業協同組合連合会（会長・山口公男元部落解放同盟大阪府連副委員長。以下、全国同和）専務理事の地位にあった。全国同和が設立されたのは、七六年七月。設立の基盤になったのは、七〇年一二月に結成された大阪府同和食肉事業協同組合（大阪同和）で、浅田ファミリーの二男だった満氏は、長男が社長を務めていた「阪南畜産」での経営手腕を買われ、三〇歳そこそこで、大阪同和の専務理事に就任している。

「畜産汚職事件」と呼ばれるこの事件は、畜産振興事業団が独占的に取り扱っている外国産の輸入肉をめぐり、浅田氏が放出枠の拡大を狙って、前述の青山氏を買収したというものだった。青山氏は、事業団の食肉部長として輸入肉の買いつけや国内での放出売り渡しに関する業務を統括、業界では「肉の天皇」の異名を取っていた。

警視庁の調べによると、全国同和の輸入肉の落札量は、競争入札売りで、八三年▽約四二〇〇トン、八四年▽約五三〇〇トン、八五年▽約四〇〇〇トンにも上り、入札参加団体中最大の量だったという。競争入札以外の分も含めた八五年の全落札量で見ると約六〇〇〇トン、畜産振興事業団の需要者団体などで構成された指定団体に対する売り渡し量の、約二〇％にも達していた。

全国同和は、こうした大枠の取り扱い量を背景に、関西の食肉市場での価格形成に大きな影響力を持っていた。

そして浅田氏は、次のようなシステムで利益を上げていた。

全国同和が畜産振興事業団から買い入れた牛肉は、卸売業者を経て小売店の店頭に並ぶが、業界関係者によると、当時、国内で平均的に消費されていた米国産ステーキ用ヒレ肉の生産地価格はキロ当たり一九〇〇円前後で、事業団は、これに輸入商社のマージン・経費などを上乗せし、一九五〇円前後で買い上げる。事件摘発当時の落札価格は二八五〇円前後で、卸売業者を経て、小売店に卸される価格は約三一〇〇円。この間の流通マージンはキロ当たり二〇〇円前後で、全国同和や「ハンナン」などの利益になる仕組みだ。こうして、輸入肉が店頭に並ぶころには、キロ当たり五〇〇〇円近くに跳ね上がる。

贈収賄事件は、浅田氏がこうしたかたちで利益を生む輸入肉の取り扱い枠拡大に奔走した結果、起きたものだった。

この汚職事件では、浅田氏が、枠拡大のために、取り扱い実績を工作していたことも明るみに出ている。実績水増しに使われたのは、イトマン事件の許永中被告の名前が裏社会で初めて知られることになった、京都の老舗《しにせ》レース会社「日本レース」の手形詐欺事件に巻き込まれ、八五年九月、二〇〇億円もの負債を抱えて倒産した大阪市北区の食肉加工販売会社「アーデルミートパッカー」。同社は、中国四国食肉輸入卸事業協同組合に加盟し、畜産振興事業団から割り当てを受けて、好調時には、年間売上高が四〇〇億円を超えていた。

浅田氏は、この倒産したアーデルミートパッカー社の輸入牛肉取り扱い実績を、自らが会長を務める「ハンナン」の実績に組み入れ、水増しされた〝実績〟に見合う量の牛肉を、所属する全国同和に売り渡すよう、青山氏に申し入れてもいた。同氏はこれに応じたという。この際、浅田氏は、「倒産した会社の面倒をみるのだから、実績を移動するのは当然」と、畜産振興事業団側に説明していたようだ。

それにしても浅田氏は、なぜ他を押しのけて膨大な量の輸入肉を押さえ、かつ巨額の利益を上げることができたのか。当時、この畜産汚職事件を追った週刊誌『アエラ』(八八年七月二五日号)によると、理由はこうだ。

カギを握っていたのは、「チルド」と呼ばれる輸入冷蔵肉。チルドは、普通の輸入肉と違い、冷凍しないので一カ月半程度しか保存できないが、冷凍肉に比べて新鮮なので、国産肉とも競争できる輸入肉だという。

このチルドをめぐって年四回、畜産振興事業団の一室で、売り渡す相手がたった一団体という奇妙な入札が行なわれていた。このチルドを必ず落札できるのが、全国の専門小売店のほぼ八割に当たる一万九〇〇〇店余りが加入した全国食肉事業協同組合連合会(全肉連)で、浅田氏はこの団体の副会長も務めていた。

そしてチルドは、浅田氏が会長になったこともある大阪府食肉事業協同組合連合会(大阪府肉連)を通じ、同氏が理事長だった羽曳野市食肉事業協同組合など大阪府肉連傘下の八団体に流れ、ハンナン系列などの個別業者に届く仕組みになっていた。

それまでチルドは、全肉連、全国同和など五団体への割り当てだったが、「利権化している」と国会で問題にされた七八年八月から、辞退した関西主婦連合会を除く四団体の入札制度に切り替わった。ところが、同じ年の一〇月、畜産振興事業団は、表向きは「全国の小売店を通じて消費者に買ってもらう」という理由で、入札を専門小売店中心の全肉連一本に切り替えてしまった。

これは裏を返せば、全肉連の副会長を兼任していた浅田氏が、やはり自身が専務理事を務める全国同和系列の食肉業者の利権を守ったということだ。

どうしてそんなことができたのか。その背景は、浅田氏が大阪同和の専務理事に就任した三年後、一九七三年のオイルショックの時代にまでさかのぼる。

当時、農水省は、牛肉不足で急騰した価格を冷まそうと、輸入枠を大幅に拡大していた。そこにオイルショックが襲い、不況のあおりで需要は急減、輸入港にはコンテナに詰まった牛肉が溢れ、腐って緑色に変色するという、いわゆるグリーンビーフ事件が起こった。処分に困った牛肉を畜産振興事業団が背負わされそうになったとき、引き取り手として名乗りを上げたのが、浅田氏だった。浅田氏はこのとき、同事業団に貸しをつくったのだ。

国は、オイルショックをはさんで、牛肉の国内生産量の維持と価格安定のため、輸入肉の取り扱いを、畜産振興事業団に一手に握らせるようになった。このとき、前述したような輸入牛肉売り渡しの仕組みがほぼできあがったという。輸入の大半を占める冷凍肉の半分近くは、事業団指定の団体に入札で売り渡されることになり、大阪同和も真っ先に指定団体になった。そして大阪同和を引き継いだ全国同和の落札量は、いつのまにか業界でダントツの一位にまでなっていた。

その後の八四年春、輸入肉の売買に新しい方式が導入された。制限枠撤廃までには至らなかったが、日米間の協議の末、牛肉の種類も価格も輸入の時期も、業者が自由に判断して買いつけられる売買同時入札という新しい輸入方式（SBS方式）が導入されたのだ。このとき、SBS枠の調整にあたったのが、畜産振興事業団の青山氏で、調整分としての一割を除き、残りは同和関係者の多い関西などのいくつかの卸売市場に、特別配分することになった。この限られた卸売市場の中には、浅田氏が実権を握っていた羽曳野市食肉地方卸売市場も含まれていた。

さらには当時、全国有数の食肉市場だった松原食肉市場では、輸入冷凍牛五五二一トン（八七年度）のうち、浅田氏が会長を務める「ハンナン」が二七％、「解同」大阪府連副委員長（当時）の山口公男氏が社長を務める「松原同和食肉加工会社」（浅田氏監査役）が二九％を、それぞれ義務づけられたセリをせずに買いつけ、業界で問題になるほど独占していた。

こうしたことから、おのずと浅田氏系列の市場や団体、企業に輸入肉が集中することになり、浅田氏は、業界で「輸入肉のドン」と呼ばれるようになったのである。

八七年の畜産汚職事件は、こうした背景から起こったのだ。

畜産族喰い

ところで、この汚職事件は、思わぬところへ飛び火することになった。警視庁の取調べで浮上したのだが、浅田氏が、当時の大阪府議会議長だった自民党の西野陽《あきら》代議士（現・衆院近畿比例ブロック選出）に、議長就任祝い金として五〇〇万円を渡していたことが、事件翌年の八八年二月に発覚、西野議長も警視庁から事情聴取されていたことが明るみに出たのだ。西野議長が浅田氏から現金五〇〇万円を受け取ったのは、府議会議長に就任したばかりの八七年六月のことだった。歴代議長にも、同様の祝い金が渡されていたとの疑惑も出たが、それ以上追及されることなく沙汰やみになっている。

しかし同時に、畜産汚職事件では、浅田氏が、三人の国会議員に毎年数千万円の闇献金をしていたことも、警視庁の調べなどで発覚している。この国会議員は畜産族と呼ばれていた保守系二人と革新系一人で、「ハンナン」の売上げの一部から、毎年、数千万円から一億円を超える献金を行ない、旧農水省や畜産振興事業団への働きかけを依頼していたようだ。

ちなみに、浅田氏と当時の政治家との関係でいえば、畜産族の有力議員だった故・中川一郎農水相とは知る人ぞ知る昵懇《じっこん》の間柄で、中川氏が来阪すると、必ず浅田氏に会っていたという話は、今でも語り草になっている。

また、浅田氏が理事をしていた羽曳野市同和食肉事業協同組合が、部落解放同盟前委員長で旧社会党副委員長の上田卓三・元衆院議員に、同氏が参院大阪選挙区候補として初めて出馬した七四年、三〇〇〇万円の闇献金をしたこともものちに発覚している。

羽曳野市同和食肉事業協同組合（繁田友規会長）は、七三年三月末、輸入肉の割り当て・配分を主要業務として設立された任意組合で、大阪府同和食肉事業協同組合（繁田会長）傘下の四支部の一つだった。組合員は六五人で、浅田氏は、そこで府同和食肉事業協同組合輸入部長を兼任していた。上田氏への闇献金発覚のきっかけになったのは、同組合が七四年八月に解散し、そのとき、経理明細書が外部に洩れたからである。

同組合は、畜産振興事業団から輸入肉の割り当てを受けると、それに一キロ当たり五円を販売手数料として加算し、支部に卸す。支部は、さらに一キロ当たり五円の販売手数料を加算して、組合員に卸す仕組みになっていた。七三年度の府同和食肉事業協同組合の割り当て分は四八〇〇トンで、管理するだけで、総額四八〇〇万円ものカネが転がり込むカラクリになっていた。

問題になった羽曳野市同和食肉事業協同組合の経理明細書によると、七三年には、上期・下期合わせて八五六トンを取り扱い、販売手数料四二八万円、組合費二七四万円（一人当たり月四〇〇〇円）の収入があった。これに対して、支出の四割以上に当たる三〇〇万円が上田氏の参院選選挙の費用、また五〇万円が、羽曳野市長選挙に立候補した旧社会、公明、民社の三党推薦候補の選挙資金になっていた。

当時の組合員によると、三〇〇万円は、総会の決議を経ず、理事会の一存で支出を決定。このため組合員の中から、「上田卓三がわしらのためになんかしてくれたことはないじゃないか。三〇〇万円も出す必要はない」と不満の声が上がったという。

同協同組合は、七四年一月、旧農水省が牛肉輸入を凍結した影響もあって、同年八月に解散した。その解散総会直前には、理事を務める浅田氏の専横、乱脈ぶりを指弾するこんなビラを組合員が配布している。

「浅田満は、当然支払うべき一千万円の予納金を納めず、己が本部担当部長として政府との交渉の上、多量に取ってきた割り当てを売れぬと見れば組合員に押し付けて、売れるとみればこの逆です。さる四七年度後期の分でも解放同盟の袖にかくれて行動を起こし本部役員等が運動の一環として真正直に行動した結果は儲けるのは浅田ではなかったか。馬鹿を見たのは他の本部役員一同である。政府農林省は浅田一人が儲けるために輸入肉を出したのではない。部落産業育成と一般消費者に一文でも安い肉との立前から輸入肉を出したのであります」（原文ママ）

ここでなぜ、浅田氏と部落解放同盟かというと、浅田氏は、羽曳野市の解放同盟向野支部の副支部長の役職に就いていたこともあり、会社の「ハンナン」は部落解放同盟員でなければ入会できなかった、税務申告フリーパスの「大企連」加盟業者だったからである。

いずれにしても、繁田会長、浅田氏主導によるこうした乱脈経営の結果、同組合は赤字のまま解散。組合員の中には、清算によって本来返却されるべき予納金二〇〇万～三〇〇万円を受け取れない人も出たという。

冒頭の畜産汚職は、羽曳野市同和食肉事業協同組合が解散して、一三年後に起こった事件だった。

関西空港・第二期工事のフィクサー

畜産振興事業団の汚職事件を契機にして、浅田氏は、表舞台から姿を消すことになる。

が、ひょんなことからその名前が再び浮上し、フィクサーぶりが露呈することになった。

きっかけは、一兆五六〇〇億円の総事業費をかけた巨大プロジェクト、関西空港の二本目の滑走路をつくる第二期工事。一般に、関西空港の地元自治体といえば、大阪府泉佐野市、同泉南市、同田尻町の二市一町を指す。そのうちの一つ泉南市には、総事業費一兆四〇〇〇億円をかけた第一期工事（滑走路一本）後の開港（九四年九月）を前に、開発に伴う恩恵は何もなく、それこそ風のあたらない「扇風機の裏側」になったため、市議会には不満が渦巻いていた。

そんな中、大阪では府、財界を挙げて、九六年度から始まる国の第七次空港整備五カ年計画に、関西空港の全体構想（滑走路三本）を盛り込ませるための促進キャンペーンが始まった。そして、当時の中川和雄府知事が、泉南市などの地元自治体が貴重な財源としてあてにしていた空港施設の固定資産税を地元自治体の財源には組み込まず、全体構想の事業費に充てると表明したため、泉南市議会では「ひとアワ吹かしたれ」と、反発がいっきに高まった。

そして九四年三月、周辺自治体が全体構想促進決議を上げるなか、泉南市は唯一、「地元無視の全体構想計画実行に反対する決議」を賛成多数で可決してしまったのだ。

この反対決議に、大阪府や関西財界などは衝撃を受けた。地元自治体議会が反対の声を上げるプロジェクトに、国がすんなり首を縦に振ることなど考えられない事態になったからである。

泉南市議会の反乱に対する波紋の大きさについて、当時、市議会関係者はこう語っていた。

「反対決議の動きに、中川知事はあわてふためき、『泉南の言うことはなんでも聞くから、それだけはやめてほしい』とあらゆるルートを使って阻止に出た。当時の自民党の岡田進府議会議長が、反対決議に相乗りしていた泉南市議会議長に『やめとけ』と圧力をかけたり、旧社会党や旧民社党の府会議員から系列の泉南市議会議員に『除名』をチラつかせて、反対決議をしないよう、執拗な働きかけがあった」

波紋は波紋を呼び、事の重大さにショックを受けた当時の泉南市長は、反対決議直後に突然、引退を表明。追い討ちをかけるように、同市長は脳溢血で倒れ、翌日急死した。

ところが、である。三カ月後の六月、この「反対決議」が一転して撤回されることになったのだ。

新市長当選のわずか一週間後、中川府知事と当時の浦西良介筆頭副知事が新市長と面談し、反対決議撤回について協議したことから、市議会の空気は一変した。そして、反対決議は撤回されることになるのだが、三年後、この不可解な反対決議撤回をめぐって現ナマが動いていたことが発覚、市議会議長と元議長が贈収賄事件で大阪府警に逮捕されている。そこでは、現金の出所《でどころ》が、地元のミニコミ誌の主宰者だったと判明している。

どうして、ミニコミ誌の主宰者なのか。この汚職事件を報道した『読売新聞』（九七年五月二日付）の記事や関係者の話によると、反対決議撤回から約一カ月後の九四年八月初め、大阪・ミナミの高級料亭で、浦西副知事、ミニコミ誌発行人、同発行人の知人、泉南市市長、のちに汚職事件で逮捕された当時の泉南市議会議長、同市議会議長に「反対決議はやめよ」と圧力をかけた岡田進・前大阪府議会議長（当時）らが会合し、反対決議撤回の慰労会を開いた。宴席で下座に座った浦西副知事が、上座にいたミニコミ誌発行人らに、「いろいろ努力してもらいありがとうございました」とお礼を述べたという。慰労会出席者の人選は、このミニコミ誌の発行人が行なっていた。

『読売新聞』の記事では、宴会参加者の中に、反対決議撤回で現金を市議に渡すなど、フィクサーの役割を果たしたミニコミ誌主宰者の知人が同席していたと書かれていたが、この知人とは、実は「ハンナン」のオーナー浅田満氏のことだった。

浅田氏は、当のミニコミ誌のスポンサーの一人として関係者の間では有名だった。

当時の泉南市議会関係者は、こう語っている。

「反対決議撤回の動きが表面化した時期、のちに逮捕された市議会議長はしきりに浅田氏のことを話題にしていた。自宅を訪問したらしく、なんでも建設費は七〇億円で、すごい豪邸やったと言っていた。経過を振り返ると、反対決議撤回の裏のフィクサー役は、浅田氏だったということになる」

また、泉南市議会議長に圧力をかけた岡田進・元府議会議長（二〇〇一年、入札妨害事件で逮捕）は、当時、大阪府藤井寺市出身の府議会議員で、藤井寺市を含む、いわゆる南河内地方の地元政界を事実上動かしていたと言われていた浅田氏の「一の子分」としても知られていた。

つまり浅田氏は、いつのまにか、大阪府政を動かす大物フィクサーにのし上がっていたのである。

空港開発予定地、買占めのための偽装工作

浅田氏が関空開発をめぐって暗躍したのは、これだけではない。地元自治体の再開発計画予定地を、事前に買い占めていた事実も発覚している。

地元二市一町の中心、泉佐野市では、当初、外資系ホテル、次いで大手スーパー「マイカル」を核にした駅前再開発事業が計画されたが、その用地の一角を、「ハンナン」の関連会社で、浅田氏が代表取締役を務める食肉販売会社「ハンナンマトラス」（本社・羽曳野市）が買い占めていた。また、隣接する田尻町では、九九年、町の駅前再開発構想予定地約一〇〇〇坪を、浅田氏が社長を務める金融業「アークライト」（本社・羽曳野市）によって事前に買い占められ、町議会で問題になっている。当時、田尻町長（のちに汚職事件で逮捕）は、町議会で「浅田満氏と親しい間柄といわれて

いるが、どうか」と質問され、「そういうことは報告する義務はない」と、否定しなかった。

「ハンナン」には、都合二十数社からなるグループ企業がある。その「ハンナン」グループには、地元羽曳野市の公共事業受注をめぐっても、たびたび疑惑が取りざたされている。

羽曳野市は、七三年から八九年までの四期一六年、共産党員が市長に選出された自治体として知られているが、福谷剛蔵現市長になってから、「ハンナン」グループが、市の公共事業を独占するようになった。

たとえば九二年、「羽曳野市立と場」の増改築工事を、当初、一六億円で「ハンナン」のファミリー企業「昭栄興業」がほかの建設会社との共同企業体で受注したが、落札から一カ月も経たないうちに、事実上、浅田氏が支配する地元の食肉組合が、工事内容の変更を要望。福谷市長は、この要望に添って、九三年二月、市長の専決処分で予算規模を二二億円にアップし、さらに同三月、議会で「二七億円にグレードアップする」と表明している。

また市は、同じくファミリー企業の「浅田建設」に、九一年から九五年の間、公共事業一二億五〇〇〇万円を発注していた。市が五年間で両社に発注した工事は四四億円に上ったが、九七年の市議会で、実は両社とも、本社と称する羽曳野市内の浅田ビル（元・阪南畜産ビル）には実在しない幽霊会社だったことが発覚している。慌てた「ハンナン」グループは、市議会で追及されたその翌日、「昭栄興業」名のトラックで、「本社所在地」に登録している「浅田ビル」に机や機材を急遽《きゅうきょ》運び込む体たらくで、ビル内の案内プレートを、「阪南畜産」から「浅田建設」「昭栄興業」に書き換えるなど、「偽装工作」に躍起となった。

福谷市長の後援政治団体「羽曳野政経研究会」の顧問には、もともと「浅田建設」の役員が就任していた。また、「ハンナン」グループが、同市長の支援団体に一一〇〇万円を献金したり、前述の「ハンナンマトラス」が社有地を市長の選挙事務所に提供するなど、福谷氏と浅田氏とは、浅田氏が「羽曳野市の影の市長」といわれるほどに癒着している。

太田房江・大阪府知事もそうなのか？

畜産振興事業団の汚職事件以降、浅田満氏の名前が再びおおっぴらに登場することになったのは、大阪府知事が現太田房江氏になってからのことである。太田知事は、周知のように、横山ノック前知事が辞任に追い込まれた後の二〇〇〇年二月の選挙で知事に当選している。太田氏は、自民党幹事長だった野中広務氏と公明党が主導した候補者選びで浮上した旧通産省出身候補として出馬。革新候補をなんとか振り切って当選したという経緯がある。

その太田知事もまた、〝フィクサー浅田疑惑〟の渦中にある。

その一つが、大阪府の第三セクター「松原食肉市場公社」の統廃合再編にまつわる疑惑だ。

現在、大阪府下にある食肉卸売市場は、松原市場、羽曳野市場、大阪市・南港市場の三カ所。疑惑の舞台となった松原市場は、荷受業務を行なう「松原食肉荷受」（寺島一社長）と、と畜解体業者「松原ミートプラント」（村上幸春社長）で構成されていて、市場を運営しているのが第三セクターの「松原食肉市場公社」（社長・山口公男元部落解放同盟大阪府連副委員長）。

同公社が設立されたのは八六年で、資本金一億円。出資者と金額の内訳は、大阪府▽四四五〇万円、業界▽四四五〇万円、松原市▽一〇〇〇万円、府総畜連▽一〇〇万円。一〇人の役員のうち半数の五人に、副知事を含む府幹部が就任している。しかし、開設以来赤字続きで、これまでに一〇〇億円を超える補助金を投入したものの、経営状態はいっこうに改善されず、府議会ではたびたび、乱脈経営と税金の無駄遣いが指摘されてきた。累積赤字は二〇〇〇年度決算で一六億七〇〇〇万円にも上り、実質上は経営破綻の状態に陥っている。

そこで持ち上がったのが、同公社の再編処理問題だった。横山ノック前府政時代から府内部でその処理方法をめぐる協議が続けられ、太田府政になってからの二〇〇〇年九月の補正予算では、同公社の破綻状態を調べるために、一〇〇〇万円の調査費が計上された。その調査結果を受けて、大阪府は二〇〇一年九月、府議会に処理案を提示した。

その処理案の柱は、①松原食肉市場公社は廃止し、「松原食肉荷受」を核として松原、羽曳野両市場の機能を一本化。市場開設・と畜解体・卸売を行なう完全民営化の新会社を設立する、②府は同公社へのこれまでの貸付金一四億円を放棄する、③完全民営化の新会社に府は二九億円の補助金を出す、④新会社の運営資金などに無利子で二五億円貸し付ける――というもので、府の負担は総額六八億円にも上る案だった。

またこの処理案は、同公社は購入時二〇億円を投じた市場用地を府に寄付し、府はこの土地を「公的支援」の一環として、無償で新会社に貸し出すといった、まさに至れりつくせりの案にもなっていた。

異常なほどの優遇ぶりだが、処理案の中身を検討すると、なんとも奇怪な疑惑が浮上してきたのである。共産党の追及で明らかになったものだが、その一つが、浅田氏が代表取締役を務めている「南大阪食肉畜産荷受」問題。府の処理案では、新会社の採算ラインは、年三万頭分の集荷が前提条件になっている。うち一万頭は、羽曳野市場から移行するとしている。このため、現在、羽曳野市場の荷受をしている「南大阪

◆松原食肉市場公社の再編処理案（2001年9月 大阪府議会）

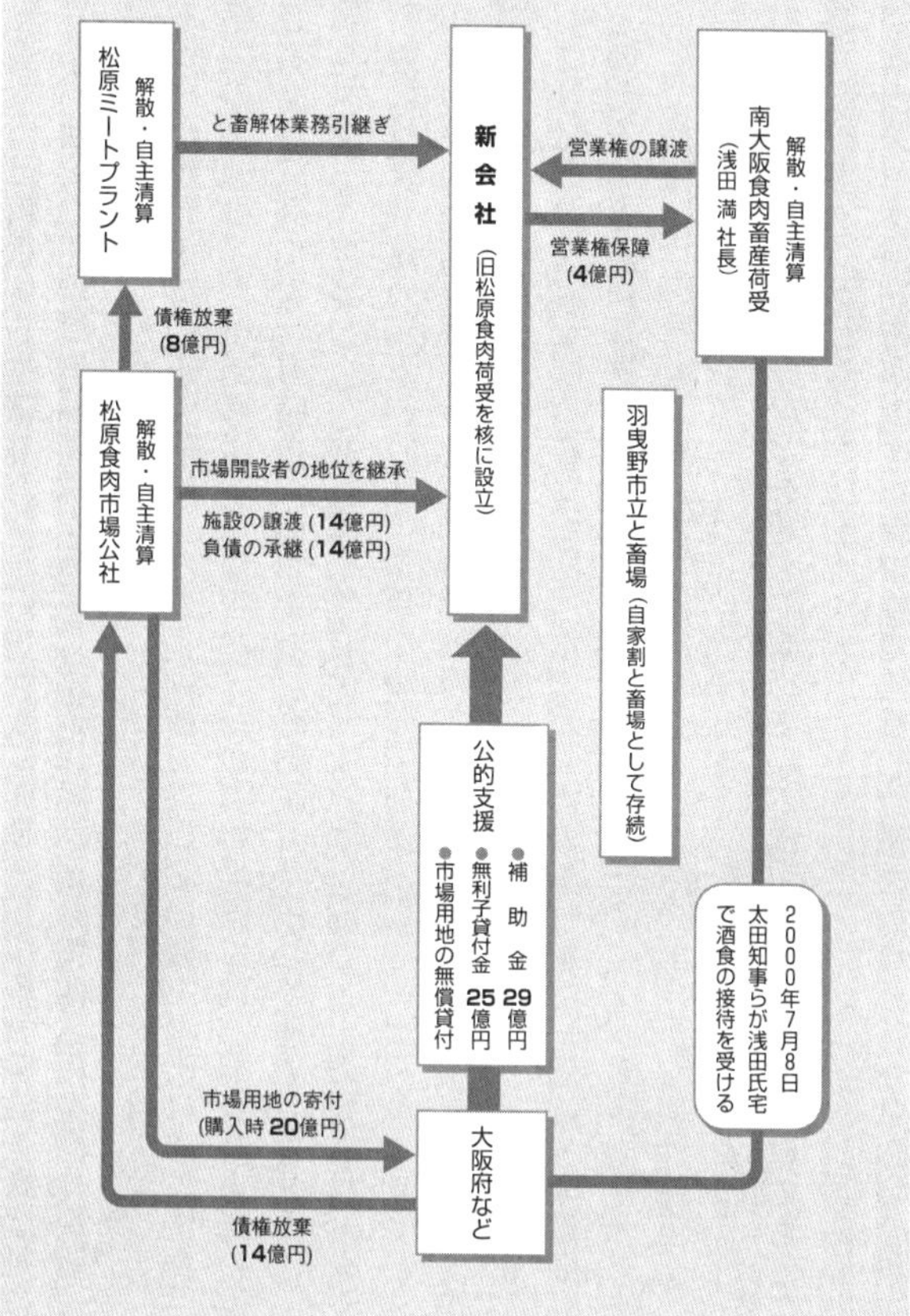

食肉畜産荷受」は解散・自主清算し、年一万頭（三年間）の牛の営業権を新会社に譲る代わりに、新会社への府の補助金から「営業権保障」として四億円を受け取る、というのである。

ところが、羽曳野市場の集荷数は、八五年の四万九〇〇〇頭を最大に年々減少。二〇〇〇年度の実績は、一万三五〇〇頭だった。しかも処理案では、羽曳野市場の羽曳野市立と畜場は、今後も一万頭以上の自家割（食肉業者が自ら販売する生体をと畜・解体し、持ち帰る）と畜場として存続することになっており、現実に移行できるのは、一万頭にはほど遠い三五〇〇頭にすぎないのである。

明らかにおかしな処理案であり、浅田氏へのあからさまな「営業権保障」を前提にした案だった。

なぜ、これほどの便宜を図る必要があったのか。そのナゾを解く鍵は、太田知事と浅田氏との驚くべき関係にあった。

食肉市場公社の破綻処理と「つかみ金」

太田知事が、府議会の答弁などを通じて認めている浅田氏との関係だけでも、これだけある。

まず、横山ノック前知事がセクハラ事件で辞職した後に行なわれた二〇〇〇年二月の知事選挙の最中に、浅田氏と面談。ついで、浅田氏がタニマチをしている大相撲の八角（元横綱・北勝海）部屋の力士激励会に出席、そして七月八日には、羽曳野市にある浅田氏の自宅に招かれ、接待を受けた。さらに、二〇〇一年の大阪府食肉事業協同組合連合会の新年互例会に出席し、浅田氏と会った。そして二〇〇〇年一〇月には、浅田氏の親族の結婚式に、太田知事の夫が招待されて出席していた。結婚式は、故・中川一郎農水大臣の元秘書で、当時、自民党の総務局長だった鈴木宗男・前衆院議会運営委員長が仲人をしたものだった。

太田知事は、夫の結婚式出席については、「関係業者（浅田氏）から私に依頼があったが、断わった。その直後、夫に直接依頼があり、夫は事情がよくわからないまま、私の代理で出席しなければならないと思い、承諾した」と弁明している。

浅田氏との関係でとりわけ耳目を引いたのが、七月八日の浅田邸での接待疑惑である。

この会合では、浅田氏の「一の子分」といわれていた、前述の自民党・岡田進元府議会議長をはじめ、北浜正輝・同元議長、杉本光伸・同元議長、橋本昇治・同元議長、北川一成府議、原田憲治府議の六人の自民党府議が、府側からは太田知事をはじめ、梶本徳彦副知事、古財正三・環境農林水産部長、神尾雅也・知事公室長、桝谷真一秘書課長が参加し、浅田氏から酒食のもてなしを受けている。

先にも書いたが、巨額の赤字を抱えた松原食肉市場公社の処理問題は、ノック前知事時代からの懸案事項だった。このため、ノック知事の側近中の側近として知られていた古財知事審議監（当時）が、二期目のノック府政の人事異動で、役人としては格下げとなる環境農林水産部長に就任したことが庁内で話題になっていた。この人事は結局、松原食肉市場公社の処理問題、つまるところ浅田氏対策のための人事というのが定評だった。浅田氏は、同公社を構成する「松原食肉荷受」の大株主であり、府側からすれば、浅田氏の意向を抜きにしては、処理策などまとまりようがなかったからである。

事実、のちに太田知事も認めているように、古財環境農林水産部長と、担当部局である同部流通対策室のメンバーが、たびたび浅田邸に足を運び、協議を行なっている。

ところで、肝心の太田知事の浅田邸訪問だが、東京の情報誌が、この会合の場で、浅田氏が府側に一〇〇〇億円の補償金を要求したと書いたり、また、「解決金として、二、三〇〇億円出すよう言われた」（府関係者）との情報が飛び交ったりした。

同知事は、こうした疑惑について、「あくまで先生方との懇談の場所としてお借りしただけ。松原食肉市場公社の話はいっさいなかった」と否定した。

ところが、不可解なことに、浅田氏との会合後の同年九月の議会で、この松原食肉市場公社の再編処理案をめぐって、前述したように、民間業者に調査委託する予算一〇〇〇万円が急遽計上され、翌二〇〇一年三月末までに報告書が作成されることになった。そして同年九月、議会で処理案が発表されたのである。

府の処理案の元になった民間調査会社の報告書は、「羽曳野市場からの一万頭の確保の実行可能性の検討は行なっていない」と認め、府の処理案で、営業権保障として四億円を渡すことになっている浅田氏の会社「南大阪食肉畜産荷受」についても、「会社の価値から、営業権の対価性を算定することは難しい」と判断しており、府が四億円もの税金を浅田氏の会社に渡す合理性はどこにも見当たらなかった。

こうしたことから、大阪府庁内外で、公社整理に乗じた「つかみ金」との批判の声が上がっている。

昨年（二〇〇一年）九月の府議会で、府がノック知事時代の九七年ごろから浅田氏と処理案について協議を重ね、太田知事は知事選の最中に接触し、その後も酒食をともにするなどしてきたことから、共産党議員に「府の補助金によって利益を受ける企業の代表者から接待を受けることは、刑法一九七条（公務員の収賄罪）に抵触するのではないか」と追及されたが、「（自民党府議らとの懇談の）場所を借りただけ」と、事実上答弁不能に陥り、挙句に、「別の質問をして下さい」と声を荒らげるなど、うろたえたこともある。

府はこの（二〇〇二年）一月、府議会に正式な処理案を提出するとしているが、BSE（狂牛病）対策に追われる一般の酪農家の苦境をよそに、松原食肉市場公社を解散し後に設立する新会社にだけ、三億四六〇〇万円のBSE対策費を投入することで予算編成作業に入った。が、さすがに議会から反発の声が上がり、撤回している。どうしてこれほどまでして、松原食肉市場公社・新会社を優遇しようとするのか。このままでは、まるで底知れぬ泥沼にはまったように、疑惑は晴れることはないだろう。

◆

それにしても、知事や有力府議を手玉に取れる浅田氏とは、いったい何者なのか。浅田氏が、かつて羽曳野市の部落解放同盟向野支部の副支部長を務めていたことは先に書いたとおりである。さらに、解同幹部が理事長を務める全国同和への、輸入肉の独占的割り当てを通じて輸入食肉業界に君臨し、果ては汚職事件を引き起こしたことについてもすでにふれた。そして、〝裏の外務大臣〟と陰口を叩かれた自民党畜産族の実力者・鈴木宗男氏とは、昵懇の間柄であることも、広く知られた話である。

冒頭で証言した出入り業者は、こうも語っていた。

「浅田さんのファミリーには山口組の関係者がいます。五代目とは直に話ができる関係ですわ。それも直参の組長とは別格扱いです。バックがバックですから、恐いもんなしなんです」

五代目とは、山口組の五代目・渡辺芳則組長のことである。
話を聞けば聞くほど、浅田氏のフィクサーとしての存在感が、浮き彫りになってきた。

同和利権が〝ヤクザ社会〟の貯金箱になったカラクリ

【暴力団、同和貴族に喰われた巨額の公金】

一ノ宮美成（ジャーナリスト）

一九八五年一月二六日、大阪府吹田市のマンションで、日本最大の広域暴力団・山口組の四代目・竹中正久組長（五一歳＝当時、以下同）と三人の幹部が射殺される事件が起きた。

竹中組長は、このマンションに「小西邦彦」を名乗って出入りしていた。偽名を使ったのは、マンションの借り主の名義が「小西邦彦」だったためと、そして部屋に愛人のN子さん（三一歳）を囲っていたからである。

この「小西邦彦」なる人物、実は部落解放同盟飛鳥支部（大阪市東淀川区）の支部長（当時、現相談役）だった。同時に、「大阪府同和建設協会」（同建協）加盟の「野間工務店」（伊藤久重社長）取締役として、八〇年九月から八四年七月までの四年足らずの間に、大阪市発注の工事を元請けで約一二億円、下請けで約九億五〇〇〇万円、計二一億五〇〇〇万円も受注していた（同工務店社長の伊藤氏もまた、当時、解放同盟飛鳥支部執行委員）。そしてなによりも、小西支部長自身が、山口組系金田組（金田三俊組長、のち解散）の幹部でもあった。

解放同盟幹部や同建協加盟業者が、小西支部長のように、暴力団関係者だった例は珍しくない。

そして、巨額の公金が、この同建協を経由して、闇社会に吸い込まれていったのだ。

暴力団の資金源となった同和利権

この数十年の間につぎ込まれてきた巨額の同和対策事業費、とりわけ建設事業費は、暴力団にとって、恰好《かっこう》の資金源になってきた。

大阪府の場合、同和対策特別措置法（同特法）が施行された六九年度から二〇〇〇年度の三二年間、同和対策事業に投じられた予算は、二兆八六八七億円にも上る。うち建設事業費には、三五・五％の一兆一八五億円が投入されている。こうした巨大な予算規模の建設事業が、「同建協」加盟業者に独占受注されてきたという背景が、そこにはある。

　同建協が結成されたのは、同特法が施行された翌年の七〇年四月。その設立趣意書によれば、「部落解放同盟大阪府連合会の指導と協力のもと」、大阪府同和地区企業連合会、いわゆる、加盟業者の税務申告がフリーパスになる「大企連」（九八頁参照）の業種別組織として結成された。目的は「解放運動への自主財源獲得の基盤として、重大な役割の一端を果たすべく設立された」となっていたが、フタを開けてみれば、それは解放同盟が同和事業を利用して資金稼ぎをするトンネル組織だった。

　設立にあたっては、当時の解放同盟大阪府連の山口春信委員長名で、「大阪府同和建設協会設立にあたり、特別善処方要請」（七〇年七月一五日付）という文書が、府下市町村長に送りつけられた。「全ての同和関係建設事業実施にあたり、本建設協会参加者に対する請負契約に特別御配慮」という内容のものだったが、泉海節一組織部長らが各市長に回答を強要して回った。

　会員は現在約五〇〇社。正会員（同和地区内の業者）と準会員（同和地区外の業者）に分かれ、いずれの会員も「請負金額の〇・七％を同建協に上納」（大賀正行・元解放同盟府連書記長著『部落解放理論の根本問題』解放出版社）することを義務づけられているという。大賀氏の言葉を鵜呑《うの》みにすれば、解放同盟大阪府連は、この三二年の間に、「自主財源」として約七〇億円もの上納金を、濡れ手に粟で手に入れてきたことになる。

ちなみに二〇〇〇年度で見ると、大阪市発注工事（交通局、港湾局、教育委員会を除く）の入札に参加した同建協加盟業者は二三三社あったが、彼らが受注に占める割合を見ると、中小企業では全発注件数の二〇・九％、全発注金額の二七％、約二四〇億九六〇〇万円、そこに大企業を含めても、発注件数で一五・六％、金額で一二・四％、約二四八億五〇〇〇万円も受注している。

最近では、同和地区外の公共事業にも進出し、九七年度から二〇〇〇年度の四年間では、市営住宅工事の発注件数九九件のうち、同建協加盟業者が五四件も受注、落札率は五四・五％、同請負金額では四四・二％も占めている。一二件あった消防署建設も、そのうちの七件を受注、落札率は五八・三％、請負金額ではなんと八八・七％を占め、ほぼ独占状態にある。このため近年、「不況で仕事が減った一般の業者が、同建協業者に手数料を払って、大阪市の仕事に加えてもらう」（大阪市内の建設業者）例が増えているという。

ではなぜ、こうした巨額の同和建設事業費が、暴力団の資金源となってきたのか。それは、同和地区出身の暴力団関係者が、同特法施行に伴う同和対策事業、とりわけ建設事業に目をつけ、資金源獲得のため次々と土建会社を設立し、同建協に加わっていったからである。

同和利権で成り上がった許永中

かる。以下、順に列記していこう。
暴力団関係者がいかに同建協を利用してきたかは、過去に露見した事件を見るとわかる。以下、順に列記していこう。

七五年、大阪府枚方市で「黒い霧事件」が起こった。事件は、市長の後援会長が土地開発公社に圧力をかけて、高値で用地買収をさせたというものだったが、業者として関わった「大新土木建設」(大阪市)は、大阪の独立系暴力団・酒梅組の谷口正雄組長によって設立された同建協加盟業者だった。「大新土木」は、同建協ができてまもない七〇年代初頭から、大阪府八尾市の同和建設事業の半分以上を独占。大阪市も、七億八一五〇万円の工事を発注している(七四年度)。

「東大阪清水建設」も、暴力団と関わりのある同建協加盟業者だった。八三年六月、同社の清水洋社長が、府や東大阪市の指名業者として公共事業を請け負ったが、倒産時に下請け約一〇〇社に約一二億円の負債を押し付けたまま工事代金一億円を持ち逃げし、詐欺破産罪で逮捕された。清水洋社長は、同時に山口組系川崎組内清水組組長でもあった。同社は七八年二月に、大阪市交通局発注の工事をめぐり、入札前に対立する業者を旅館に軟禁して脅かし、入札を横取りしたほか、七九年にも、東大阪市発注工事に絡んで下請け代金未払い問題を起こしている。

◆大阪の「解放同盟」「同建協」業者と暴力団との関係

榎並　昭	同建協最高顧問・榎並工務店社長	小三組組員、互久楽会会員
海原　壱一	同建協顧問・海原建設社長	小三組幹部
谷口　正雄	同建協・大新土木建設社長	酒梅組組長
清水　洋	同建協・東大阪清水建設社長	山口組系川崎組内清水組組長
長沢　保	同建協・南方建設(現大阪建設工業)社長	山口組系一会内都会会長代行
麻　秀包	同建協・麻建設社長	砂子川系麻組組長
笠原　忠	大阪府連元執行委員	元土井(熊)組系津田組組員
西尾　求	荒本支部(再建)支部長・大門工務店社長	池田組元幹部
岡田　繁次	西成支部長	酒梅組元準構成員
小西　邦彦	飛鳥支部長・野間工務店役員	山口組系金田組幹部
小柳愛之助	寝屋川支部長	伊藤組若衆頭
松島　節夫	蛇草支部副支部長	旧菅谷組系石田組元組員
今井　健二	飛鳥支部員	山口組系金田組組員
長沢　一明	荒本支部員・長沢建設役員	山口組系川崎組内長沢組組長
島田　修身	荒本支部員	山口組系川崎組内笹原組準構成員
吉岡　勇	高槻富田支部員	義友会系門脇組副組長
池田　義一	高槻富田支部員	義友会系門脇組若衆頭

(注)以上の氏名、役職、所属は事件等で名前が出た当時のもの

同じく、東大阪市の同建協加盟業者「八興建設」は、三代目山口組直参・中川組の中川猪三郎組長が、同和対策事業の受け皿として設立したものだった。社長には解放同盟荒本支部役員だった瀬川清氏が就任。同社は七八年一一月、社屋を、東大阪市に専修職業訓練学校用地として買い取らせ、その代替地として約四〇〇坪の市有地を一億二〇〇〇万円で入手。即日、大手マンション業者・朝日住建に転売し、一億円の利ざやを稼いだ。

しかも、市に買い取らせた土地に居座り、喫茶店の営業を続けるなどやりたい放題。この土地転売問題は、大阪地検特捜部に摘発されることとなり、当時の瀬川博・解放同盟荒本支部長（現・東大阪市会議員）が逮捕される事件にまで発展している。

また「八興建設」は、七八年一二月、建設業者の資格がないまま、総額四億二七〇〇万円を投じた東大阪市意岐部《おきべ》小学校の新築移転工事を、大手の東急建設と共同企業方式で受注していたことも発覚している。

解放同盟東大阪市荒本支部の西尾求支部長は、大阪府連幹部でもあったが、元池田組幹部でもあり、同建協加盟の「大門工務店」を経営して公共事業を受注していた。同じように、荒本支部の長沢一明支部委員は山口組系川崎組内長沢組組長で、同建協加盟のファミリー企業「長沢建設」の役員に就任し、市発注事業を請け負っていた。

イトマン事件の許永中被告も例外ではない。複数の山口組系暴力団と深いつながりがあったことが捜査当局の調べで判明しているが、許被告が率いたグループ企業の中核「新日本建設」は同建協加盟業者で、同グループ企業の中には、税務申告フリーパスの大企連会員企業もあった。ちなみに、許被告は在日韓国人だが、親しかった解放同盟幹部の計らいで、同建協に加盟。ペーパーカンパニーを窓口に同和対策事業を受注し、手数料をとって工事を下請けに丸投げ、資金をたくわえ、成り上がっていった。

八〇年代、大阪市議会などで暴力団と深い関わりをもっていると指摘されたことのある同建協加盟業者は、一一社にものぼっている。当時、警察も「『同和』の金が暴力団の資金源になっていることは間違いない」（『朝日新聞』八五年三月一八日付夕刊）と認めている。

ヤクザの代紋か、同和の名刺か

暴力団は、こうした同建協利権以外に、部落解放同盟と直接癒着することで、さまざまな同和特権を手にしてきた。その一つが同和減免である。同和減免とは、同和対策事業の一環として、自治体が同和地区住民の不動産取得税を半分にしたり、固定資産税、都市計画税などを三分の一に免じてきたことを指す。

前述した大阪の独立系暴力団・酒梅組の谷口組長が経営する、大阪ミナミの料亭

「春日」やほかの店舗、自宅の固定資産税には同和減免が適用され、一般に比べ、三分の二も減免されていた。

暴力団組事務所そのものの固定資産税が、減免されていた例もある。八五年一一月、大阪市浪速区にあった一和会系加茂田組内二代目中林組（長谷川順寛組長）事務所の固定資産税に同和減免が適用され、その三分の二を大阪市が免除していたことが、市議会で明るみに出ている。中林組は、山口組と一和会の対立に絡み、組事務所に火炎瓶が投げ込まれる（八五年八月）など、抗争の舞台にもなった組織だった。

暴力団と関係のある解放同盟支部幹部が大手業者と癒着し、〝泣く子も黙る〟「同和」の名刺を持ち歩いて行政当局に開発許可を迫ったり、公共事業を受注したりした例も数多い。

元酒梅組準構成員だった岡田繁治・元解放同盟西成支部長は、イトマン事件の許永中被告とは昵懇《じっこん》の間柄で、許被告が「支部長付」の名刺を持ち歩いていたことでも知られる。岡田元支部長は、解放同盟内で組織された暴力組織・行動隊の指揮者として、羽曳野市の庁舎を包囲し、共産党の宣伝カーを襲う事件（七四年）など、数々の暴力事件に関与している。さらには、大手百貨店・高島屋の総会屋利益供与事件（九六年）で逮捕された暴力団・五久楽会会長が経営する不動産会社の監査役に就任したり、大手商社・丸紅が大阪府太子町にある一須賀古墳群で計画した大規模な住宅開発計画では、開発許可を取りつけるため、大阪府に圧力をかけたりしたこともある。

ちなみに丸紅の開発絡みでは、「グリーン造園土木」という建設会社を経営する解放同盟安中支部（八尾市）の丸尾勇顧問が、「丸紅」の代理人として、府や町に「同和」の名刺をちらつかせて開発許可を急がせたこともあった。

丸紅と解放同盟との癒着は、まだある。七五年、丸紅は、堺市が工費三五億円を投じた第三清掃工場建設工事をめぐり、「堺市嘱託」の名刺を持つ建設会社「匠」経営の丸井求・解放同盟堺支部長を介在させ、元請け業者になった疑惑がある。また、丸紅は予算が九回も変更追加され、二一億円に膨れ上がった堺市解放会館の備品納入業者にもなり、七五年四月、丸井支部長が市同和対策室幹部など市幹部四人とヨーロッパ旅行をした際、接待をしていたことも発覚している。

七二年九月、大阪府警捜査四課の暴力団一斉手入れで逮捕された元解放同盟安中支部書記長の笠原忠・元同大阪府連執行委員は、元土井組系津田組組員だった。逮捕理由は、七二年四月、八尾市内の農家が持っていた土地一八〇〇平方メートルを八尾市に売ろうとしているのに目をつけ、「われわれが手続きすれば、税金はただになる」と持ちかけ、土地売買の金銭受け取りを請け負ったが、市から支払われた土地の代金約一六〇〇万円を農家に渡さず、仲間三人で山分けしたというものだった。

名刺ならぬ、同和特権そのものの「税務申告フリーパス」をちらつかせ、それを利用した詐欺だった。

山口組直参も加わった〝利権抗争〟

同和利権は、解放同盟内での争いの火種ともなり、そこに暴力団も加わった劇烈な〝抗争〟に発展することもあった。

七四年一一月から一二月にかけて起こった、解放同盟浪速支部での、利権と役員ポストをめぐる争いもその一つである。

この事件は、浪速支部の長谷川初己書記長と、その弟で、部落解放浪速生協の長谷川睦男専務理事を中心にしたファミリーが、巨額の金が投じられる浪速区内の同和地区施設の利権を独占しようとし、対立していた大阪市同和事業促進協議会（市同促）浪速地区の中林英治会長を病気に仕立て上げ、辞任届を偽造し、市同促に提出したことが発端だった。

「私の父、地区協会長、中林英治はいつのまにか病気にさせられ、解任させられていた。――西井支部長、長谷川書記長らによる私文書偽造が明らかになる」

当時、こんな見出しのビラが撒かれたが、その発行人は、大阪市同和事業促進協議会浪速地区協議会・中林会長の息子・中林安民氏（中林土建社長）だった。ビラは、

「部落解放同盟浪速地区支部の支部長西井茂氏と、書記長長谷川初己氏は、同和予算を自分達の思いのままにするために、会長である私の父、中林英治をいつのまにか病気治療中にし、地区協名を勝手につかい、地区協が私の父を解任し、その会長代行に西井茂氏（彼こそ芦原病院に入院）を選んだかのように文書」がつくられ、市同促・住田利雄会長名で大島靖市長（当時）に提出された「浪速地区協議会会長の代行について」の報告文書が、「私文書偽造」だと告発していた。さらには、「このことは、十一月十四日、大国町会館において、私の追求《ママ》によって長谷川書記長が認めました」とも書かれてあった。

この内紛で、中林派は、長谷川ファミリーが同和利権で私腹を肥やしていることを暴露。二四日に予定されていた支部大会は延期され、ついには山口組直参の白神組を使って実力行使に出たため、機動隊も出動する騒ぎになった。

この一件は外国紙にも報道され、『インターナショナル・ヘラルド・トリビューン』紙（七五年一月二〇日付）は、「日本の解放同盟は暴力が利権をもたらすと考えているようだ」という見出しで、「浪速区内での二つの建設業者の利権争いから、事態は解放会館が町のギャングに襲撃されるところまできた。これらの襲撃を防ぐために、解放同盟事務所のまわりにたくさんの防衛員を配置している」と伝えている。

事件は結局、長谷川ファミリーが解放同盟からいっさい手を引くことでけりがついたが、長谷川初己・睦男一家は、その後失踪し、行方不明になった。

当時、浪速区の同和地区には解放同盟の本部があり、大阪市が「浪速五つ課題」として、市内人口の〇・五％が住む同地域に、一二二億円（＝当時。その後、膨れ上がる）をつぎ込み、「解放会館」「買物センター」「栄小学校」「老人福祉センター」「青少年会館」といった同和施設を建設する計画があった。こうした同和事業は、事実上、解放同盟が牛耳るため、地元支部役員、地区協役員当事者にとってみれば、絶対に手放したくないうまみのあるものだった。

ちなみに、長谷川ファミリーにとってかわった中林派は、抗争に先立つ七三年、「中林土建」を興している。社長には英治会長の息子が就任し、同建協にも加盟。資本金三〇〇万円でスタートしたが、五年間で資本金一二〇〇万円の中堅企業に急成長。同和対策事業として進められた買物センター（二五億八〇〇〇万円＝建設費、以下同）、青少年会館（二七億円）、保育所、市営住宅などの建設工事を受注してきた。八〇年代に入ってからの五年間で、一八一回も指名業者になり、うち四二回を落札するなど、同和事業を独占。また、ファミリー企業「中林建設」も、五年間で一五七回も指名業者になり、うち三九回を落札。落札額は、四七億七〇〇〇万円にもなった。

巨額の建設費を投じながら、大阪市内には二〇〇一年度末現在、同和住宅の空家は一〇五〇戸もある。そのうち浪速区西地域には、約六〇戸の空家が集中しているが、大阪市は現在、新たに同地域に一六四戸の住宅建設を進めている。この工事を請け負っているのが、中林グループの中林建設である。

「カンオケ用意しとけ」

こうした同和利権をめぐる抗争は、東大阪市荒本支部でもあった。瀬川博・荒本支部長、中田潔・支部書記長ら「解放同盟荒本支部」を名乗る派閥と、井上元・荒本支部副委員長、水口幸一・元支部長（社会党市議）ら「再建準備会」派との間で起こった抗争だ。

内紛が明るみに出たのは、八一年一一月四日のことだった。大阪府連（上田卓三委員長）をバックにして支部の主導権奪取を狙う「再建準備会」派が、支部執行委員会に、現執行部の解散を主張、「府連七人と暴力団三十五人で乱入」（荒本支部機関紙『闘魂』一一月四日付）したのが発端である。双方とも公共施設を占拠し、一方が「ヘルメットと鉄パイプの武装集団」、片や「暴力団員を動員」と、それぞれの正体をビラや街宣車で暴露。「カンオケ用意しとけ」「流血の事態は避けられない」と応酬し合って、部落解放運動とは無縁の抗争が一カ月以上も続いている。

荒本支部が抗争をしている最中に、同じ東大阪市では、別の支部の副支部長を務める人物がピストルを発砲し、市職員が重傷を負う事件も起こっている。一二月九日、同市長瀬町の市営蛇草《はぐさ》住宅内の路上で起きた事件で、犯人は、元暴力団石田組組員で解放同盟蛇草支部の松島節夫・副支部長。松島副支部長が友人四人と喫茶店を出て車で走りだしたところ、石田組の組員二人が、五人の乗った車と鉢合わせになった。松島副支部長は、一一月末に石田組を脱退しており、この脱退をめぐり、石田組組員と口論になった。いったんその場を離れた松島副支部長だが、自宅に戻り、隠していたピストルを持ち出し、脅かそうとしてもみあいになったため、ピストル計三発を発射。うち一発が、間に入った市職員に当たって重傷を負うことになった。

松島副支部長は、七五年には、自分が事実上のオーナーとなる同建協加盟の「松島建設」に市有地の整地工事が発注されなかったという理由で、当時の伏見格之介市長ら市幹部を事務所に呼びつけ、暴力をふるうなど（大阪地検が松島副支部長を暴行罪で起訴）、暴行事件の常習犯だった。松島建設は、あいつぐ暴力事件で、一時、市の指定業者からはずされたが、七七年ごろから再び工事を大量受注。請け負った工事は下請けに丸投げし、荒稼ぎをしてきていた。

この蛇草地域にも勢力争いの歴史がある。川井繁一・蛇草支部書記長は、かつて上田卓三・前解放同盟委員長が会長を務めた「中企連」（現・ティグレ）の候補として市会議員になったが、のちにこの松島グループの手で地域から追放され、現在は、松島節夫・元副支部長の息子が市会議員となっている。

同和貴族の優雅な生活

同和事業に寄生し、荒稼ぎしてきた同和系建設業者のなかからは、王侯・貴族さながらの生活をする、いわゆる〝同和貴族〟と呼ばれる者たちまで現われている。

その一つの例が、羽曳野市の海原建設である。

海原建設の海原壱一社長は、高校卒業後、大阪の地場の暴力団・小三組の榎並三之助組長が設立した同建協業者「榎並工務店」に入社。六三年ごろには小三組の最高幹部だったこともあり、ピストル不法所持で警察に逮捕された前歴もある。ちなみに、その実弟・明美は、当時、山口組を支えた二本柱の一つ、菅谷組に多額の持参金を持って入会したことや、七〇年代初頭の松本久男羽曳野市政時代には、建設工事の入札に、山口組の代紋の入った名刺を持って参加したことで、一躍名を馳せた人物としても知られている。

榎並三之助組長は、南大阪で勢力を伸ばしていた酒梅組の初代・鳶梅吉の若衆だった人物で、小三組は、自らが結成した暴力団だった。前述した榎並工務店の社長を務めたのが、榎並組長の三男で小三組組員の榎並昭氏。同氏は、同建協の最高顧問に就任したこともあり、また、大阪の地場の暴力団・互久楽会会員でもあった。

海原建設が誕生したのは、六三年、市営住宅の一室を改造して看板を掲げた、資本金五〇〇万円の小さな会社から始まっている。以降、部落解放同盟と暴力団をバックにしながら急成長してきた。七一年だけでも、羽曳野市の全建設予算、約一五億円の八三・七％に当たる一二億五〇〇〇万円を受注。わずか七年間で、グループ九社の資本金計二億九〇〇〇万円を擁する海原グループをつくりあげ、中核の海原建設だけでも、府下市町村の同和建設事業五〇億円分を受注していた。

和歌山県太地町にある海原氏の別荘は、クジラ御殿と呼ばれていた。海に面した六六〇〇平方メートルの一等地に建てられた鉄筋コンクリート造り二階建ての豪華な別荘は、総大理石の風呂、プール、ヘリポートを備え、七〇年代前半の当時でも時価三億円といわれた。プールには六頭のイルカと鯨を飼い、一日のエサ代だけで一五万円。大阪府の八尾空港に置いた川崎ヒューーズ製ヘリコプター（時価一五〇〇万円）で、別荘との間を往復するという暮らしぶりだった。このクジラ御殿には、日本共産党を除名された志賀義雄元代議士や、東京都に一時期、窓口一本化の同和行政を持ち込んだ張本人、美濃部都政の船橋都副知事（当時）らも出入りしていた。

海原建設はこのほか、東京都内でナイトクラブを、大阪府藤井寺市ではサウナを経営。のちに和歌山県白浜で自然動物園「ワールドサファリ」を、大阪府南河内郡河南町では乗馬クラブを経営し、北海道にも進出している。

ちなみに七三年当時、海原建設と、前述した榎並工務店の二社だけでも、大阪府下市町村で行なわれた同和建設事業の五分の一に当たる、約一〇〇億円を落札している。また、工事費が七七億円にも膨れ上がって、その度外れたデラックスぶりが問題になり、東洋一と呼ばれた大阪市浪速区の市立栄小学校校舎の本体工事を請け負ったのも、榎並工務店だった。

海原建設のあこぎな蓄財法は有名である。七〇年に、「羽曳野市立と畜場」新設工事を六七〇〇万円で受注した際、地元業界では「海原は事前に入札価格を知っていた」と囁《ささや》かれ、建設にあたっては、ありもしないヘドロ除去費を水増しし、約二一〇〇万円を手にしたといわれている。七三年には、豊中市開発公社に、買収価格の二・五倍で池を売りつけ、数カ月間で二億二〇〇〇万円も利ざやを稼いでいる。八五年には、全日本同和会松原支部幹部が経営する会社と連合して、松原市内で店舗付き高層マンション建設を計画。この開発申請地は、松原市の地役権が設定されている通学道路を取り込んでいたため、住民が監査請求を起こしている。

闇社会に消えていった公金

同建協大手の「岸組」（大阪市東淀川区）もまた、同和貴族と呼ばれたファミリー企業である。岸組が、資本金五〇〇〇万円で設立されたのは七一年。岸正見社長を含む兄弟四人が役員に就き、八〇年代には、主に府、大阪市などの公共事業を請け負って、年商二五億円と豪語。長男の正見社長は、「解放同盟日之出支部」の元執行委員にして同建協元会計監査、次男の岸正明取締役は、同建協顧問を務めたこともある。社長兄弟は、会社設立以来四年で、豊中市内の高級住宅地に数億円ともいわれる豪壮な邸宅を建て、ドイツ製高級外車「ＢＭＷ」を乗り回すまでになった。

岸組もまた、数々の疑惑を囁かれ、実際に不正を働いてきた業者だった。

七四年二月、大阪市の学校工事を請け負ったが、現場作業員五人が工事現場で市建築局職員に殴る蹴るの暴行を働き、三人が暴行の現行犯で逮捕されている。また、こんなこともあった。七六年七月、阪神間に住む商店主やサラリーマン三三人が、兵庫県尼崎市の金融業者から、「大手の同和関係建設会社が控えているから」と、事業の運用資金貸付金へ出資するよう勧められ、併せて一億円以上もの金を騙しとられる事件が起きた。この事件では、三男・岸広文社長の「岸経営企画」（当時）振り出しの小切手や手形が使われている。

八一年三月には、高槻市内の岸組所有の山林を舞台にして、正見社長が「住宅適地なので府営住宅にしてほしい」と、府建築部住宅建設課に電話。五月には、宅地開発を進めやすくするため、「植林」名目で山を削る許可書を府に提出。府は、岸組の言いなりになって、工事を許可している。

宅地開発規制地域になっていた、箕面市内の山林が舞台になったこともある。岸組関連会社の「新大阪住宅建設」が、国土利用計画法に違反して山林の取引を行なった際、「部落解放同盟大阪府連合会日之出支部長相談役岸正見秘書」の名刺を持った元大阪地検職員や、「岸正見付」の名刺を持った人物が箕面市や大阪府に出入りし、開発の許可出しをせかすなど、「同和」の名刺を使って圧力をかけたことが発覚している。

八五年一〇月、東京地検特捜部は、同和団体を名乗って税務署に圧力をかけた、いわゆる「脱税請け負い」グループの黒幕を逮捕した。黒幕とは、不動産業「広洋」の岸広文社長だった。この事件では、東大阪市の同建協加盟業者「上田空調」の上田徹取締役と、「亀山建設」を経営する亀山輝雄・解放同盟荒本支部元書記長も逮捕されている。八六年四月、大阪地検特捜部が摘発したパチスロ業界脱税事件では、この広文社長が役員をしていたパチスロ販売会社「千里遊機」が捜索された。

広文社長は、八六年七月、東京地検特捜部が摘発した平和相互銀行の不正融資事件で、特別背任の共犯としても逮捕されている。平和相銀の関連会社「太平洋クラブ」所有の神戸市内の山林、いわゆる屏風岩の土地を六〇億円で購入したのだが、その際、兵庫県の同建協加盟業者「サン・グリーン」とともに、同行から九六億二〇〇〇万円、さらに二〇億円の追加融資を受けた。その追加融資分は、同行の伊坂重昭・前監査役と共謀し、手に入れた不正融資金だった。

冒頭でふれた小西邦彦飛鳥支部長（現・相談役）も、奈良市内の高級住宅地に豪邸を持ち、高級外車を乗り回す同和貴族だった。小西支部長は、宅見組長射殺事件の後に山口組を破門された、中野会の中野太郎会長とは昵懇の間柄で、中野会の金主だったともいわれている。事実、この事件に絡んで、解放同盟飛鳥支部事務所に、後日、銃弾が撃ち込まれている。

大手サラ金の武富士が、京都駅前の地上げをめぐって右翼や中野会などの暴力団とトラブルを起こし、その見返りとして同社の未公開株が暴力団関係者などに譲渡された問題では、小西支部長が大株主に座るゴルフ場経営会社「ダイヤモンドリゾート」（大阪市）も、大量に武富士株を取得していた。

小西支部長は、社会福祉法人・ともしび福祉会理事長として、保育園や特別養護老人ホーム、健康管理センターなども経営している。

「ともしび福祉会」は、京都府城陽市城陽駅前に土地を所有。この所有地内で、財団法人飛鳥会（小西邦彦理事長）の白川藤一理事を建築主に、パチンコ店をオープン。経営は、「興和」（山本安夫社長、大阪市北区）が行なっている。

小西支部長は七五年、かつて金田組組長が同居していた女性と組んで仕組んだ、飛鳥解放会館用地をめぐる土地転がし疑惑を市議会で追及されている。また、飛鳥支部の要求で、市が同和対策事業として六億七〇〇〇万円で取得し、土地造成や、休憩室建設のために三五〇〇万円の補助金を出した吹田市内の「菜園」内に小西支部長がオーナーだった「野間工務店」の伊藤重久社長（飛鳥支部執行委員）が自宅を新築して八年間も不法占拠、土地を担保に金融機関から極度額五七〇〇万円もの融資を受けている。さらに、前述の財団法人飛鳥会に、大阪市開発公社が駐車場の経営を委託。同駐車場の収入は年間約一億円で、人件費（五、六人分）三〇〇〇万円を差し引いても、七〇〇〇万円の利益が残るのに、公社には一〇分の一の七二〇万円しか納めず、「飛鳥会」が上がりをピンハネしていたこともわかっている。また大阪市は、市内二四カ所の同和浴場の改修に、一浴場当たり一億四〇〇〇万円もつぎ込み、水道代と燃料代の二分の一を補助してきたが、小西支部長が事実上経営する「パール温泉」（東淀川区）には、〝経営が苦しい〟という理由で、特別に四分の三を補助していたことも発覚している。

こうしてみると、巨額の同和対策事業と特権とが、山口組をはじめとする暴力団を肥え太らせ、のさばらせてきた背景の一端になったことは間違いない。そこには、部落解放同盟と、彼ら闇の勢力との癒着があったのだ。

第3章

人権暴力の暗黒史

【ワイド特集】
マスコミ報道が絶対触れない、ザ・部落解放同盟・裏面史!

寺園敦史(ジャーナリスト)

❶[京都製靴事件]▼1946 「利権」とともに始まった戦後解放運動

発端は皮革資材の払い下げ

部落解放運動はいつから、そして何が原因で、今日のような腐敗、堕落した運動に成り下がってしまったのか。一九六五年以降の部落解放同盟の分裂を、または七〇年代前半に全国で頻発する解放同盟による暴力事件を、あるいは同和地区の実態が改善されたにもかかわらず、八〇年代以降も継続された同和行政を——その契機として挙げることができるだろう。

だが、「利権」と「暴力」「行政との癒着」というキーワードで戦後の解放運動を振り返ってみると、そこには特定の時期、特定の事件など存在しなかったことに気づく。つまり、運動が出発した時点で、すでに「利権」が発生し、甘い汁にありついていた運動団体幹部がいるのだ。

四六年二月一九日、部落解放全国委員会（解放委、五五年に部落解放同盟に発展改組）が、松本治一郎、朝田善之助ら戦前からのリーダーの呼びかけで結成される。創立大会は、二二年設立の全国水平社同様、京都市内で行なわれた。四六年九月には解放委京都府連が結成され、朝田が初代委員長の座に就いている。

その朝田は解放委結成の前年一二月、ほかの仲間四人とともに、「靴機械及材料払下申請」と題する文書を京都市に提出している。府内郡部に疎開していた旧陸軍工場の製靴機械と付属品、皮革資材の払い下げを受けて会社を興し、同和地区の産業近代化、住民の就労対策を図りたいというのが、その内容だった。

申請は、京都市の特別な便宜を得て実現する。四六年四月、朝田が社長を務める京都製靴株式会社設立。市は同社のために、市の施設を工場として無料あるいは格安の使用料で提供、監査役に市幹部（厚生局長）を送り込むなど、今でいう第三セクター的性格をもつ会社だった。

その後、朝田は、洛北工業振興株式会社、京都皮革品共同販売会社という関連会社を設立する。いずれも「営利会社としてではなく、部落解放運動の一環として設立」（京都市資料）されたもので、京都製靴同様、市が公設市場を払い下げるなど、全面的にバックアップしている。

あらかじめ裏切られた運動

これらの経営は当初順調に進み、「部落解放」という目的に応えるかにみえた。しかし、その一方、京都製靴設立からわずか半年後、経営をめぐる不満から、朝田の地元、田中地区の住民が部落解放近畿協議会結成大会で乱闘事件を引き起こしている。四八年五月の全国委第三回大会では、田中地区住民が「口では部落産業の振興を称《たた》え、行動に於いては一部資本家の機械靴業者と結託して資本家的態度を露骨」に示しているとする「朝田氏不信任理由書」を提出、紛争はエスカレートした。

朝田はこの紛争について、勤務態度に問題のある社員の一人を配置転換したところ、この社員がそれに不満をもち、地労委に訴えるなど騒ぎを起こしたことが原因だと語っている（朝田善之助著『新版　差別と闘い続けて』朝日新聞社）。だが、実際の紛争の原因は、そんなところにはなかったようだ。京都市資料によると、四八年八月、朝田は市厚生局にこんなことをぼやいている。

「一番困っていることは、朝田がもうけたということを言っていることだが、これはしまいにはわかる。皆んなのヘンネシ（嫉妬）だ」

「僕が一番困るのは、市役所があれらを支持していることだ」

行政の後ろ盾でスタートした京都製靴、洛北工業、京都皮革品共販だったが、その経営状態は、払い下げ資材の枯渇、政府の生産統制の緩和により急速に悪化、四九年、三社とも解散してしまう。

朝田とともに戦後の部落解放運動を再建し、京都製靴の役員でもあった木村京太郎は、「（解散した三社の）機械、器具、資材、製品のすべてが朝田氏個人の財産になってしまった」と言い、木村自身はその後しばらく、会社経営のために近親、友人から借りていた金の返済に苦しめられたと語っている（木村京太郎著『道ひとすじ』部落問題研究所）。

払い下げられた財産が、なぜ朝田の個人財産になってしまったのか不明だが、会社設立の経緯といい、戦後のスタート時からすでに、「部落解放」の名のもとに行なわれた朝田の事業には、「利権」と「癒着」とが介在していたことが想像される。

朝田を含め、戦後初期の解放運動を担った人びとに、部落問題を解決するという情熱、使命感があったことに疑いはない。しかし、同時にそこには、のちに顕在化するような腐敗を呼ぶ体質も内包されていた。

❷［オールロマンス事件］▼1951 「たかり」「ゆすり」の原型

ネタは〝在日朝鮮人差別〟

戦後の同和行政、解放運動の歴史にふれる教材に必ず出てくるのが、オールロマンス事件である。雑誌『オールロマンス』五一年一〇月号に、暴露小説と銘打って「特殊部落」という短編小説が掲載された。作者は京都市職員だった。

部落解放委京都府連は、この小説は部落に対する誤った認識を助長するものとして批判、同時に差別を助長する当時の部落の劣悪な実態を放置してきた京都市の責任を追及した。京都市は解放委の批判を全面的に受け入れ、これ以降、市内同和地区に対する大規模な環境改善事業を行なうことになった。例年の市同和対策予算は五〇〇万～六〇〇〇万円だったが、事件の翌年は大膨張し、四六〇〇万円に上った。

このときの解放委の闘争スタイルこそ、差別事件の根本には部落の低位な実態があると規定し、その実態の改善を行政に迫っていく、いわゆる「行政闘争」の先駆けとなったもので、全国的運動発展の起爆剤となった。

しかし、のちに運動が事実上は「行政闘争」に一面化され、同和問題にかかわるマイナス現象なら、なんでもかんでも行政に責任を負わせる「行政無限責任論」の傾向も生みだした。

ところで、この事件は有名だが、差別小説とされた「特殊部落」そのものを読んだことがある人は、少数なのではないだろうか。事件当時の京都府連が作成した「オールロマンス差別糾弾要項」によると、小説本文の差別的記述の一例として、「目やに、とうそう、はてはみっちゃのはなたれ子たちが、ほとんど裸体に近い風俗《ママ》で遊び戯れる空き地があり」「どぶろく密造の経営によって部落の住民がうるおされ」などといった描写が槍玉にあげられている。だが、小説の原文を読めば一目瞭然だが、作品には部落民と特定できる人物は一人も登場してこない。実は、京都府連が指摘したのは、すべて在日朝鮮人の暮らしに関する描写だった。

つまりこの闘争は、在日朝鮮人をダシにして、解放委が行政に同和対策を迫ったものだったのである。解放委が在日朝鮮人になり代わって糾弾しているのでも、あるいは同じ地区に住む者同士として生活環境を改善するよう行政に施策を要求しているのでもなかった。それどころか、その後、同和地区に改良住宅が建設されるなどして、地区の環境改善が進展するにつれ、それまで同和地区内に居住していた在日朝鮮人は、部落民ではないという理由で地区外へ追い出されてしまっているのだ。

当時のことを知る元京都市職員は、私の取材に対して、朝田を含む解放委幹部から、「部落民は身分的に差別され、劣悪な状況に置かれている。しかし、朝鮮人や一般のスラムの連中は、能力がないゆえ社会から落ちこぼれているにすぎない。現象的には部落もスラムも一緒だけど原因が違うのだ、部落問題と一緒にするな」と、事あるごとに言われたと、話している。

行政側のマッチポンプ

また、運動は当時の京都市政を「部落に対する行政はすべて差別行政でもって一貫している」とまで批判したが、この指摘にも疑問がある。同和地区に対する有効な事業が行なわれていなかったのは事実だが、事件の二年前の、運動団体幹部を含む京都市同和問題協議会の答申を受けて、京都市は市独自で、本格的な同和対策事業の準備を始めていたさなかだった。

最終的には計画倒れになってしまったが、三九年には、当時の市の歳入総額に匹敵する二〇〇〇万円もの予算をかけて、市内同和地区四四二二戸を対象とした「不良住宅地区改良事業計画」を策定するなど、全国的にみてもその先進性は特筆すべきものだった。少なくとも、戦前から市役所内部に人脈をもち、さらには前述のとおり、京都製靴の面倒を丸抱えでみてもらっている解放委委員長・朝田が、そんな糾弾をできる立場にはなかったのである。

この闘争には、さらに奇妙な点がある。「特殊部落」をネタに京都市を糾弾するよう提案したのも、その「糾弾要項」を執筆したのも、交渉の際に市長を屈服させる勘どころを伝授したのも、すべて当時の京都市幹部職員たちだったことが明らかになっている。朝田自身もそれを認めている。市の同和行政を推進させるために、部落問題に深く関わっていた庁内幹部らが解放委を利用して、反動化を強めていた京都市を糾弾させた、という構図だった。

事件で使われたネタが眉唾ものであり、行政による「自作自演」という面が色濃かったとしても、これによって同和地区の実態改善が格段に進んだ事実は、正当に評価しなければならないだろう。

だが同時に、誰が書いたかわからない公衆トイレの「落書き」や、子どもの「発言」を差別だと強引に断定して行政や学校を糾弾し、さらなる事業を引き出そうとする「たかり」「ゆすり」と見まごうばかりの今日の運動の萌芽も、ここに現われているのである。

❸【文化厚生会館事件】▼1966　不法占拠～凶暴化する「人権」1

「書記局奪還」

行政との癒着・利権体質とともに、部落解放同盟の負の側面として強調しなければならない点は、暴力行為の日常化とそのことに対する無反省（というよりも暴力への確信）という、およそ法治国家ではありえない姿勢である。組織内であろうが、外部の個人であろうが、団体であろうが、反対者を屈服、粉砕する手段として暴力を繰り返し用い、ときにはそれを誇ってきた歴史をもっている。

その嚆矢《こうし》ともいうべき事件が、六六年一月の文化厚生会館乱入事件である。

六〇年代半ばから、解放同盟京都府連では、京都市の同和行政への対応をめぐって混乱が起こり、六五年一二月に分裂する。

分裂したのは、同盟中央本部が正当と認知する「朝田府連」（委員長・朝田善之助）と、正規の府連大会で選出されたとされる「三木府連」（委員長・三木一平）だった。朝田、三木ともに、戦後の解放運動を核となって担ってきた者同士だったが、以後、互いに相手を「共産党による分裂策動」「部落第一主義」などと罵倒し合い、対立を深めていく。

運動団体が、運動の進展とともに分裂するのは珍しいことではないだろう。異常なのは、その決着の付け方だった。

京都府連の書記局（事務所）は京都市左京区の文化厚生会館に置かれており、分裂後は三木府連が使用していた。この会館は六四年、部落問題研究所が京都府、市などからの補助金をもとに、諸団体の協力を得て建設した建物で、研究所のほか、解放同盟、全国同和教育研究協議会（全同教）も事務所として使っていた。

ところが、六六年一月二〇日、朝田府連のメンバー数十人が「書記局奪還」を目的に、突如、会館に押し入り、三木府連の書記局員だけでなく、研究所、全同教職員も暴力的に追い出し、会館を占拠した。研究所は一月二四日、不法占拠解除の仮処分を京都地裁に申請、地裁は翌日申請を認め、三回にわたって強制執行を試みるが、朝田府連メンバーの抵抗によって果たせなかった。その間、朝田府連は研究所事務室に侵入し、研究所発行の雑誌『部落』読者名簿を使って、読者に対して『部落』誌の不買を求める文書を発送している。

暴力路線と一億二〇〇〇万円

事件はその後、紆余曲折を経て、ようやく八〇年一〇月、会館の保存登記を研究所の名義で行なったうえ、市と府が会館を買い取り、研究所と朝田府連にその代金として六〇〇〇万円ずつ、合計一億二〇〇〇万円を支払う。そしてさらに、両者に移転先事務所用地を斡旋することで和解する。

府連分裂、会館占拠に至る両者（朝田府連と三木府連・研究所）の言い分が資料として残っているが、当時を知らない者が今読んでも、はっきり言ってどちらに理があるのか、にわかには判断がつきがたい。

しかし、これだけは断定できる。対立者を暴力で排除したその行為は、犯罪である。別団体である研究所や全同教職員を追い出したのも犯罪だし、研究所の事務所に侵入し、名簿を悪用したのもやはり犯罪である。朝田府連が組織として自らに正当性があるというなら、暴力ではなく、法的な手続きで三木府連を排除すべきだった。

事件後、朝田府連は三木府連を会館から叩き出したその「成果」に確信を抱いたかのように、暴力行為を繰り返していく。六八年二月、三木府連大会を襲撃、七〇年七月、部落問題研究所が中心になって開催している全国部落問題夏期講座襲撃……などだ。とくに後者の場合、朝田府連とともにその意を受けた他府県の同盟員計四〇〇人が会場に押しかけ、主催者と講座参加者に暴行を加え、会場の窓ガラスを割るなど、大暴れした。三十数人が重軽傷を負ったという。

解放運動の中心だった京都府連の六五年の分裂は、全国に波及した。解放同盟主流派（いわゆる朝田派）から排除された反主流派（共産党の支持を受けていた）メンバーは、七〇年の部落解放同盟正常化全国連絡会議を経て、七六年三月、全国部落解放運動連合会（全解連）を結成することになる。

それにしても、今振り返ると大きな疑問が残るのだが、解放同盟分裂の影響は各方面に及んだとはいえ、一民間団体の分裂騒ぎの尻拭いをなぜ京都市と府が行ない、そのうえ、一億二〇〇〇万円もの買収費を払わなければならなかったのか、ということだ。もともと文化厚生会館の建設費の大半を、府と市が補助金でまかなっているのだからなおさらである。

当時の同和行政の重要性は、今日とはかなり違っていただろうし、主要な関係団体がいつまでも紛争を続けていることは、部落問題の解決にとっても損失だという判断もあったのだろう。しかし、言うなれば朝田府連の暴力に対して、本来無関係の府市民が新たに一億円以上も負担させられたわけだ。今日から振り返ると疑問の多い決着と言える。

❹【大阪国税局覚書】▼1968　税務申告フリーパス～利権のシステム化

同和脱税の生みの親

『七項目の確認事項』という文書がある。六八年一月、高木文雄・大阪国税局長と、部落解放同盟中央本部、大阪府同和企業連（のちの部落解放大阪府企業連合会＝大企連）との間で交わされたものだ。

七項目の中には、こんな項目もある。

「(三)　大阪府同和企業連が指導し、大阪府同和企業連を窓口として提出される白、青色を問わず、自主申告については全面的にこれを認める。ただし、内容調査の必要

がある場合は解放同盟大阪府連の指導する大阪府同和企業連と協力して調査にあたる」(注)

つまり国税局は、企業連経由の税務申告ならフリーパスで認めます、と言っているのだ。事実上、「脱税」を公認したようなものである。六八年といえば、同和地区内にはまだ数多くの零細事業者が存在していた。そういった事情に配慮した「七項目」ではあるが、税法の規定とは無関係に、一部団体のみにこうした優遇措置を認めるのは、不合理極まりない話と言わなければならない。

翌六九年、この「七項目」は大阪府内だけでなく、近畿全域に拡大適用される。そして七〇年二月、「同和地区納税者に対して、今後とも実情に即した課税を行なうよう配意すること」を内容とする国税庁長官通達によって、全国に波及していく。

この「七項目」こそが、その後の解放同盟の利権を形成した大きな柱である。フリーパスで申告できるということになれば、零細業者でない者や同和地区とは無関係な業者、会社も、この制度の恩恵にあずかろうと企業連の周辺に集まってくる。一方、企業連側あるいは企業連への「仲介者」は、申告する際、運動団体へのカンパと称して業者から多額の手数料を徴収していくようになった。「七項目」自体違法なものであるが、それは、当初これを要求した解放同盟側の趣旨からも逸脱した〝道具〟に変質していったのである。

「七項目」はまた、七〇年代から今日にかけて繰り返し起こってきた「同和脱税」事件の生みの親ともなった。

後ろめたい特権

ところが奇妙なことに、この「七項目」については、確認したはずの両当事者である国税局（庁）も解放同盟側も、その存在を完全否定している。

国税庁長官は九六年七月、「特定の団体との間の確認事項といったものは存在しない」という文書を出している。また、国会で具体的な証拠を突きつけての共産党議員などの追及に対しても、そんな「七項目」のことなど知らないと、突っぱね続けている。

だが、別項（七七頁）で詳細にレポートしたように、同和脱税で逮捕・起訴された指南役、仲介役自ら、その存在と有効性とを法廷で明確に供述しているのだ。

加えて、総務庁地域改善対策室長として、最後の同和対策特別立法である地域改善財特法（八七年施行、二〇〇二年度末失効）の立案を行なった熊代昭彦（のち自民党国会議員）も、その存在を認めている。

「国税に関しては、同和関係の企業連による地方国税局への一括申告方式を是正すべく指導されると思います。一括申告方式は、申告是認（引用者注：申告内容を全面的に

認めること）などの批判も出ており、ぜひ是正される必要があります」（『朝日新聞』八七年三月七日付）

解放同盟側もこんな特権、後ろめたくて、世間に公言できないのか、その存在を隠したがっているようだ。九六年四月、解放同盟中央委員長の上杉佐一郎（当時）は、「『確認書』なるものが、あたかも存在するかのように吹聴されたり、一人歩きしていることについては、たいへん遺憾」という内容の文書を各県連に出しているのだ。その後、事件が表面化するたびに、大企連理事長などの「確認書」の存在を否定するコメントが、新聞、雑誌に出る。

ばかげた話だ。当時の大阪国税局交渉については、解放同盟の機関紙『解放新聞』でも、「画期的な成果　企業連窓口の申告はそのまま」（六八年三月二五日付大阪版）などとデカデカと報道しているではないか。

さらに私は、その大阪国税局交渉に、解放同盟大阪府連委員長、大企連理事長として先頭に立って臨んだ岸上繁雄（故人）から、「大阪国税局交渉の経過」と題した自作の冊子を頂戴したことがあるが、そこにもこう記されている。

「七項目の確認事項も双方で充分検討し、納得されたうえで文書にするという当時の差別的徴税事件が続発している情勢下においては画期的な成果を上げることができた」

二〇〇一年一一月、京企連（部落解放京都府企業連合会）役員として同年三月まで税務対策に携わってきた元幹部に話を聞く機会があった。いわゆる「同和脱税」は現在も行なわれているのか、という私の問いに対して、元幹部は一瞬沈黙したあと、一言だけ答えた。

「まあ、以前のようなことはやっていないけれどな……」

❺「『窓口一本化』と大阪同建協結成」▼1970　利権の温床

同和対策事業で「クジラ御殿」

大阪国税局長との『七項目の確認事項』とともに、部落解放同盟驀進《ばくしん》の原動力となったのが、同和対策事業の「窓口一本化」だった。これは、同和対策事業を住民が利用する場合、解放同盟もしくは同盟の影響下にある第三者機関を窓口として申し込むという方式、いわば一民間団体に行政的な権限を与える仕組みである。

六九年に同特法（同和対策事業特別措置法）が実施され、以降、全国的に同和対策事業が始まったが、解放同盟は各地でこの「窓口一本化」方式を要求し、応じない自治体は暴力で脅し、屈服させていった。

同和奨学金受給や改良住宅への入居など、たとえ「部落民」であっても解放同盟の了解が得られないと、施策を受けることができなくなってしまったのである。こうして、前述した全解連メンバーなど、解放同盟の運動に同調しない住民は、同和対策事業から排除されてしまった。そして、同盟の地区住民に対する影響力は格段に増し、行政との癒着も深まっていく。

さらに、この「窓口一本化」は個人を対象とした事業だけでなく、土木、建設関係の同和対策事業にも適用された。

七〇年四月、大阪府同和建設協会（同建協）という団体が結成された。設立趣意書によると、解放同盟大阪府連の指導と協力に基づき、行政が行なうすべての建設工事を請け負い、会員相互の部落解放運動の理念に基づき各工事の割り当てを行なう、という団体である。解放同盟は、同和対策事業をこの同建協を通じて発注するよう、行政に認めさせたのである。同時に、同建協は請け負った会員企業から請負金額の〇・七%を「上納」させていた。

同特法以後、肥大化する同和対策事業は、当然、同建協に莫大な利益をもたらした。

大阪府羽曳野市では、七〇年代前半、同和関係部門の市全体の予算に占める割合は約三〇%にも上っていた。また、七二年の大阪府羽曳野市の建設事業予算は約一七億五〇〇〇万円だったが、このうち一五億円が同建協の会員企業である海原建設に支払われている。地元ではよく知られた話だが、この会社は同特法施行以前は、市内の文化住宅で細々と営業していた零細業者だった。それが同和対策事業とともに急成長、和歌山に建てた別荘のプールにはクジラを飼っていたといわれている（『解同暴力糾明裁判パート2』全国部落解放運動連合会）。

土地ころがしで県連解体

「窓口一本化」による同和行政は、さまざまな不正を呼んだ。

八一年六月、北九州市では解放同盟や全日本同和会幹部らによる市住宅供給公社の用地買収をめぐる土地ころがし事件が発覚した。「窓口一本化」により、同和対策事業の計画・立案・実施のすべての段階で解放同盟と協議することになっていた北九州市では、当然、用地買収計画などの土地情報も、解放同盟幹部が事前につかめることになる。この特権を同盟小倉地協幹部らが悪用、不動産業者と組んで土地ころがしで六億数千万円もの公金をかすめ取ったのである。

この事件をきっかけに、解放同盟小倉地協執行部は総辞職するが、不祥事を起こし、中央本部の措置で県連が解体した事例は珍しくない。八六年の宮崎県連解体、八八年の大分県連解体、八九年の岡山県連解体などだ。最近では二〇〇〇年、高知県連執行部が総辞職している（二一〇頁参照）。

一民間団体にすぎない解放同盟が行政の権限を獲得することによって生じた、当然の帰結ともいえる。

「窓口一本化」については、その不当性を訴える住民による六〇件以上もの訴訟の結果（すべて住民側勝訴）、全解連などの運動、また、一連の不祥事への反省もあって、八〇年代にはこの方式を採る自治体はほとんどなくなった。

解放同盟自身も「一歩間違えば『利権の温床』と成りかねない」（解放同盟が名誉毀損で全解連、部落問題研究所を訴えた裁判の訴状より）という認識をもつものの、結局最後まで、この異常な方式をゴリ押ししつづけたことに対する反省の言葉は、聞かれなかった。

❻［八鹿高校事件］▼1974 「同和」タブーの完成〜凶暴化する「人権」2

重軽傷五六名の集団リンチ事件

文化厚生会館事件で実践された部落解放同盟の「武装化」とも呼ぶべき暴力路線は、六九年の大阪で起きた「矢田問題」（二二七頁参照）でさらに加速、七〇年代に入ると全国各地で暴力事件を引き起こしていく。こうした暴力事件は、七四年一一月二二日、兵庫県立八鹿《ようか》高校（養父《やぶ》郡八鹿町）で頂点に達した。

校内に部落解放研究会の設置を認めなかった八鹿高校の教師六八人（ほぼ教職員全員）に対して、解放同盟兵庫県連メンバー数百人が襲いかかり、一三時間にわたって「糾弾」と称して集団リンチを加えた。これにより五六人が重軽傷を負い、二九人が入院したという教育史上例をみない事件である。

瀕死の重傷を負ったある教師は、解放同盟員から次のような暴行を受けた。

「（商店街路上で）肘《ひじ》で後頭部を殴り、その後左肩を蹴ったり腕を殴ったりして座り込んでいた隊列からごぼう抜きにし、横に倒れたところを頭を踏みつけ、腰や腹を蹴る。

その後、頭をもって引き立て、抵抗して座り込むと再び踏んだり蹴ったりし、さらに両足をもって引きずる。そのまま仰向けにしてしばらく引きずったあと、両手両足をもって宙づりにして、地面にたたき落とす。

さらに宙づりにして運びながら、両手両足をもって反動をつけ、トラックの荷台に放り上げ、校内にトラックで運ぶ」

「（校内体育館で）腹を踏みつけたり、腰、肩を蹴る。バケツや大きなやかんで、背中や襟元に何杯もの冷水を流し込む。バケツを頭にかぶせてガンガンたたいたり、ハンドマイクを耳元に近づけて怒鳴ったり顔面を殴ったりする。階段を引きずり上げたり、足をもって引きずりおろしたりする」

「（校内解放研部室で）髪をもって壁に頭を打ち付ける。足を踏みつける。雑巾やバケツや湯飲み茶碗で汚水を無理やり口の中に注ぎ込む。往復ビンタで顔をたたいたりみぞおちを殴ったりしたうえ、メリケンサックで顔や腹を十数回殴り『たばこを吸いたいだろう』と言いながら、火のついたたばこを顔に押しつける。……」（『解同暴力糾明裁判パート1』全国部落解放運動連合会）

「同和は怖い」という意識の定着

暴力の域をはるかに超えている。よく死者が出なかったものだ。これらの暴力と部落解放とが、どこでどう結びつくのか。呆れたことに、この集団リンチに参加した同盟員の多くは、行政から行動費（補助金）をもらって参加していたこともわかっている。

九〇年、最高裁で被告の解放同盟員一三人全員の有罪判決が確定した（懲役半年から三年。いずれも執行猶予付き）。八鹿高校教師らが解放同盟幹部らを相手取って損害賠償を求めた民事訴訟でも、同盟側は全面敗訴している（約三〇〇〇万円の賠償命令）。当然の結果だ。

ほかの暴力事件同様、ここまで行き着いた八鹿高校での暴力事件についても、解放同盟はいまだにろくすっぽ謝罪をしていない。

長年にわたって解放同盟の活動を支援しているある大学教員は、私に向かってこう言ったことがある。

「暴力が悪いことなのは当然だが、あの当時、暴力でしか差別の不当性を訴えることができなかった。不当性を訴えることで、その人たちは人間としての誇りを回復していった面もある。そういったことも考慮すべきではないか」

冗談で言っているのではない。口調はまじめだった。当人は運動の側に立っているつもりなのだろうが、私には、地区住民を対等な立場の人間として見ているとはとうてい感じられなかった。

度を超した暴力とともに、この事件で特筆すべきなのは、マスコミの沈黙である。これだけの事件にもかかわらず、各社とも地方面のベタ記事扱いだった。当時の朝日新聞神戸支局長はのちに、「部落解放のための糾弾を普通の暴力事件のように報じたら、『解放同盟イコール暴力集団』という誤解を招きかねない」というためらいのもと、扱いを小さくしてしまったと回想している（『朝日新聞』九五年七月一日付）。

「部落解放」を題目に掲げれば、支援者や社会から批判が返ってくる心配はない。「糾弾権」を主張して暴力容認方針をとってきたのは、解放同盟だけだが、こうした暴力路線のエスカレートは、周囲に「同和」「部落」は怖いという、とてつもないイメージを形成させていったのである。

自らの行ないを自省する機会も与えられず、運動の腐敗はさらに進む。

❼【五億円公金詐取事件】▼1983　腐敗(ウラ金)の体制化

七〇年代後半以降、とくに解放同盟の影響力が強い自治体では、同和対策事業が肥大化していく。そして外からの批判、監視の目が届かないのをいいことに、同和対策事業や制度が、彼らによって既得権化、特権化、利権化していく。のちに部落解放同盟中央本部委員長の上杉佐一郎をして、「部落解放が目的なのか、同和事業の獲得が目的なのか本末転倒の傾向があった」と嘆かせるほどの状況にまで突き進んでいった。

八三年、八六年に相次いで発覚した京都市職員による総額五億円に上る公金詐取事件は、腐敗の絆で強固に結ばれた行政と解放同盟との関係と、その腐臭をかぎつけて暴力団までもが群がってくる事態に至ったことを示す典型である。いくら「同和タブー」で実態が覆い隠されていても、その厚いベールを突き破って、同和行政と解放同盟の手の施しようのない癒着が、市民の前にも姿を現わしはじめたのだった(詳細は二六九頁参照)。

❽【解放運動の犠牲者一七人】▼1980's～1990's　死屍累々

頻繁化した糾弾後の自殺

部落解放同盟が一方的に「差別」と断定して行なう糾弾闘争の激しさは有名だが、それを批判された解放同盟側から、ときおりこんな反論が聞こえてくる。

「部落差別によって命を奪われた人はあっても、差別糾弾によって死んだ人は一人もいない」（解放同盟大阪府連池田支部書記長みなみあめん坊、平岡正明編著『筒井康隆の逆襲』〈現代書林刊〉所収の文章より）

しかし、別項（六二頁）で報告したとおり、現実には解放同盟の糾弾や猛烈な抗議に耐えきれず、自ら命を絶ってしまった人は珍しくない。とくに広島県内では、解放同盟広島県連（委員長・小森龍邦＝元中央本部書記長）や、その威光を後ろ盾とする同盟派教員らの圧力に耐えかねて、死に追いやられた教員の数は、まさに死屍累々と表現するしかないものだ。手元にある『同和黒書２』（国民融合をめざす部落問題広島県東部会議）には、七〇年から八一年の間に一二人の教育関係者が、自殺、自殺未遂、失踪、病死していることが記載されている。

【犠牲者１】一九七〇年五月一日、府中高校教諭、ナイフで手首を切り自殺（三六歳、同和主任）。

【犠牲者2】七四年九月、芦品郡新市町常金丸小学校同和主担者、会議の直後心臓麻痺で死亡（多忙を極めていた）。解同支部長「すまんことをした」とわびる。

【犠牲者3】七六年四月二八日、新市町常金丸小学校同和主担者、遺書を残して失踪。

【犠牲者4】同年四月、庄原市川上小学校長自殺未遂（「差別事件」で介入を続けられていた）。

【犠牲者5】同年五月一六日、府中東高校同和教育推進教員（二五歳）、山中で首つり自殺。

【犠牲者6】同年五月二四日、府中東高校同和主任（四〇歳）、墓地裏松林で首つり自殺。

【犠牲者7】同年七月一日、福山市教委社会教育主事、遺書を残して自殺未遂。

【犠牲者8】八〇年七月、山県郡加計町加計高校同和教育推進教員（五五歳）、自宅裏山で首つり自殺。

【犠牲者9】八一年一月二九日、福山市桜ヶ丘小学校長（五四歳）、頸動脈を包丁で切って自殺。

【犠牲者10】同年一月三一日、豊田郡本郷町北方小学校長（五二歳）、頸動脈をカッターナイフで切って自殺。

【犠牲者11】同年四月九日、佐伯郡廿日市町（現・廿日市市）宮内小学校長（五五歳）、校内物置小屋で首つり自殺。
【犠牲者12】同日、佐伯郡（現・佐伯区）五日市町教委同和教育室長、自殺。

死に至らないまでも、入院したり、配転になった教員や教育委員会職員は、枚挙にいとまがない。

この時期、県内では毎年六〇～一〇〇件の「差別事件」が引き起こされたとして、解放同盟による糾弾が行なわれていたが、そのうちのほとんどが、学校での児童・生徒の「穢多」「非人」といった発言を理由にしたものだった。

仮に相手を傷つける意図を持ってこういった言葉を使ったからといって、外部団体が数をたのんで学校に押しかけ、教職員をつるし上げることには何の合理性もない。町中の大人が大騒ぎする必要もない。問題が発生したのであれば、教師が解決にあたればよいことである。だいたい、学校で子どもが間違って何が悪いのか。子どもはいつも一〇〇点を取らなければならないという義務はない。

これは広島だけでなく全国的に言えることだが、解放同盟は「差別事件」が発生するたびに、行政や学校現場への介入の口実をつかみ、屈服させていったのである。いや、介入の口実をつくるために、本来は差別事件とは言いがたいものまで、「事件」

へとでっち上げていったとみるべきかもしれない。

解放教育推進教員の悲劇

前記【犠牲者11】の小学校長の自殺は、次のような背景があって起こった事件だった。児童の一人が、「長吏《ちょうり》」という江戸時代の賤民身分の職業を表わす言葉を使ったことが校内で問題になった。これに対し、同校の教頭が先頭に立って、校長に「差別事件だ。責任をとれ」「おまえが校長になるのは早すぎた」などと、辱めるような追及を連日にわたって執拗に行なった。校長はこれを苦に自殺したとみられている。解放同盟の直接関与こそなかったものの、校長追及の先頭に立った教頭をはじめとする教員たちは、熱心な解放教育推進者として知られていた。

　この事件にはエピローグがある。校長の校内での自殺にショックを受けた町民約三〇〇〇人が、県教委、町教委に自殺の真相究明を求める署名を提出している。当時の広島ではかなりの勇気がいる行動だったが、教委側はこれを無視しただけでなく、解放同盟に内通、署名用紙を差し出していた可能性が強い。というのも署名提出後、署名者一人ひとりにその行為を非難する文書が、解放同盟県連から郵送されてきたからだ。当時の行政と解放同盟との緊密な関係が窺われる。

　それにしても、いくら糾弾で連日責められたからといって、なぜ死ななければならないのか。そんなに嫌なら休職なり、退職なりすればよいではないか。
同和教育に詳しい県内のある高校教師が、こう話している。
「亡くなった先生方の多くは、実は熱心な解放教育の実践者でした。だからこそ昇進できるわけですが、しかし、気の毒なくらいまじめな人が多かったですね。同時にエリート意識も強かった。その先生がある日突然、逆に『差別者』として、解放同盟員や同僚、部下から糾弾されるショックは、たいへんなものです。管理職は孤独です。ことに『差別事件』が校内で起こったときはね。だからといって、休職や退職を選択することは、教師、管理職としての自らの無能力を認めたことになり、受け入れがたい事態なのです。そういった気持ちは、私には痛いほどわかります」

死に追いやっても懲りない

『黒書』には八一年四月までの記述しかないが、学校関係者によると、これ以後も自殺者は出ている。

【犠牲者13】八一年一一月二六日、県教委学校管理課長、自殺。

【犠牲者14】八二年四月一一日、佐伯郡五日市町教委同和教育室長、ナイフで胸を突き自殺。

【犠牲者15】八三年一〇月五日、沼隈郡常石小学校長、ナイフで自殺。
【犠牲者16】八五年二月二二日、庄原市山内小学校教諭、山中で首つり自殺。
【犠牲者17】九六年六月二二日、山県郡千代田町教委社会教育課長(四八歳)、山中で首つり自殺。

【犠牲者17】の社会教育課長(同和教育担当)の自殺には、直接、解放同盟千代田支部長が関与している。この支部長は、教育相談員の肩書きで教育委員会に嘱託として採用されていた。仕事は、町内での差別事件探しおよびその点検。その仕事ぶりがあまりにも横暴で、社会教育課長もプライドを傷つけられるような追及をさんざん受けてきた。その結果の自殺だった。同町では、職員の中から、過去五年間に二四人の中途退職者、一人の自殺者を出しており、同和行政との関連が取りざたされているという。

何人自殺者が出ようが、いっこうに自分たちの責任を認めない解放同盟だが、唯一、このケースだけは、支部長が関与していたことを認めている。解放同盟県連は九六年一二月、「差別事件において県連の糾弾闘争方針を逸脱し、部落解放運動の信用を著しく失墜させた」として、支部長を「権利停止三年」とする処分を発表した。同時に、これまで多くの町職員を中途退職に追い込んだことについても、同盟の責任を認めた。

「権利停止三年」という処分が、同盟員にとってどれほど重いものかは知らないが、亡くなった社会教育課長の遺族や中途退職を余儀なくされた町職員からすれば、何のなぐさめにもならないだろう。また、この支部長処分に関する県連委員長名の「声明」が同盟の機関紙『解放新聞広島版』（九七年一月一五日付）に掲載されているが、そこには町民に対する謝罪の言葉は一言もない。

九九年の世羅《せら》高校長自殺の前年から、広島県教委に文部省の是正指導が入り、また、この自殺事件を契機に世論の後押しもあり、行政における解放同盟の影響力は急速に弱まっている。しかし、外部団体の介入が衰退したのは歓迎できるとしても、日の丸・君が代の押しつけなど、教育委員会による教職員の管理統制強化、反動化が進んでしまう結果を招いているのも事実だ。

広島県で七〇年代から続いている教育関係者の自殺に対し、共産党や全解連などの批判はあったものの、これまで手をこまねいているばかりだった文部省や自民党が、突如是正に乗り出したのは、歪んだ実態を正したいというよりは、政治的な思惑からだろう。

振り返れば、末端管理職はともかくとして、行政総体としては、常に解放同盟を「総会屋」として利用してきただけとも言える。七〇年代前半、政治的にみれば社会党と共産党が共闘すれば革新県政ができる可能性が高かった時期、保守県政は、解放同盟あるいは同和問題を使って、社共を分断することに完全に成功した。そして、同和対策事業も終了し、解放同盟の利用価値がなくなった今、今度は県民の同盟批判感情を利用して同盟と絶縁し、いっきに教育の反動化に手を付けているわけである。

❾[同和特権総力カタログ]▼2002　五一年後「先進地」の惨状

二〇〇二年三月の特別立法完全失効にあわせて、多くの自治体の同和行政は基本的に終了する。うまく軟着陸できたところもあれば、なんとか着地だけはしたものの、満身創痍の不時着陸といったところもある。強力な解放同盟組織が存在し、これと常に深く癒着しながら同和行政を進めてきた京都や大阪などは、後者の代表例だろう。

五一年のオールロマンス事件から五一年、六九年に施行された同和対策事業特別措置法（同特法）から三三年、かつて、解放運動においても同和行政においても全国の最先端を走っていた京都市は、今どういう事態に陥っているのか。最後に、再び京都市の一端をお伝えしよう。

家賃踏み倒し容認

この数十年、行政がいったいどんな姿勢で同和対策事業に取り組んできたかが非常によくわかる例として、同和地区内の改良住宅（市営住宅）家賃滞納問題がある。いや、市側の「徴収放棄」と呼ぶべきものであろうか。

京都市都市住宅局によると、二〇〇〇年度末時点での市営住宅全体入居者の家賃滞納額は約一二億円に上る。そのうち約三億六〇〇〇万円が、改良住宅入居者のものである。

改良住宅全体の家賃納入率は九〇％近くであり、一般の市営住宅とそう違いはない。違うのは、滞納者への市の対応である。滞納期間がとてつもなく長いのである。改良住宅を管理する市住環境整備室の資料によると、一〇年以上の滞納は二六四件にも上る。目を覆いたくなるような数字だ。

なぜ、こんなことが起こるのか。一般の市営住宅の場合、市は滞納月数一二カ月をめどに、入居者に明け渡しを求める裁判を起こすことにしているが、改良住宅入居者に対しては、二〇〇〇年度までは、何十年滞納しようと事実上黙認してきたからである。議会や市民からの批判に押されて、二〇〇一年度から明け渡しを求める裁判を起こすようになったが、それでも訴訟件数は四件にとどまっている。

まったく異常事態というほかない。しかし、もっと異常なのは、長期滞納者の一〇人に一人が京都市職員であるという事実だ。三カ月以上の長期滞納者は全体で一〇二八人だが、そのうち一二五人（一二・二％）が京都市職員である。一〇年以上の滞納者も一六人いる。

現在の改良住宅の家賃は、どんな高収入世帯であろうと、最高で三万円余り（六〇平方メートル以上の広さでの値段）でしかない。公務員という安定した職をもち、しかも月額一万一五〇〇円の住居手当まで得ている市職員から、なぜ大量の滞納者が生まれるのか。そして京都市は、そのことをなぜ放置しているのか、常識を超える不思議な現象である。

地区住民をスポイル

京都市独特の就労対策、すなわち同和「選考採用」制度による弊害については、別項（四五頁）で詳しく触れた。しかし、その弊害は行政内部だけでなく、地区住民自身にも及んでいる。

京都市が九三年に行なった「同和地区実態把握調査」によると、地区内有業者のうち四一・九％が官公庁勤務者である。地区によっては五〇％を超えているところもある。全市有業者に占める官公庁勤務者が六・三％なので、同和「選考採用」制度がいかに〝実績〟を上げているかが窺える。

同和「選考採用」という特異な方法とその数の多さは、地区住民の意識を大きく変えた。

「とくに青年、子どもへの影響は大きい。行くところ（就職先）がなかっても、どうせ市役所には入れるからええわ、と安易に考える子はめずらしくない」

解放同盟、全解連を問わず、私がこれまでに取材で出会ったほとんどの活動家は、そう嘆いていた。同和「選考採用」者が多く配属される市環境局のある管理職の嘆きは、もっと深刻だ。

「採用された時点から、まったく労働意欲がない、上司や先輩の仕事上の指示に従わない——そんな奴もいる。つまり自分を採用してくれたのは京都市でなく、運動団体やと思っているんやな。何でお前から指図されんといかんのや、って」

時代や地区の実態の変化におかまいなく、運動団体から要求されるがままに続けてきた同和対策事業、就労対策事業によって、逆に地区住民の可能性、労働意欲をスポイルする結果を生んでしまったのである。

スポイルといえば、同和奨学金制度にもそれが当てはまる。京都市は一般の制度である育英奨学金と比べて、はるかに充実した奨学金制度をつくっている。成績基準はなく、所得制限も格段にゆるいうえ、月額奨学金額も二倍近く高いものだ（大学生で九万円）。

この奨学金は、名目上は「貸与」つまり、将来全額返還しなければならないものなのである。だが京都市は、「自立促進援助金」という独自の制度を創設、返還が困難な支給者に代わって市が全額肩代わりしている。「返済が困難な者」とはいうものの、実際には、これを全支給者に適用しているため、「同和奨学金を自分で返済している人はいない」（市同和対策課）というのが実態だ。

この制度の運用でより重要なのは、奨学金支給、自立促進援助金の各手続きをするとき、京都市側がそれぞれの制度の内容を本人に充分説明していないと思われることだ。

奨学金手続きの業務に詳しい京都市隣保館職員によると、一応、申し込みのとき、この奨学金は貸与制度であることを本人に説明しているが、ほとんどの場合、まったくそのことが記憶に残っていないのが現状ではないかという。また、自立促進援助金の申請も、意識的なものではなく、職員に促されるまま手続きをするだけで、「おそらく奨学金受給を終了する手続きの一つくらいにしか思っていないのではないか」と話している。

「自立促進」と言いながら、実際には住民の生活意欲をスポイルしている事例といえるだろう。

なお、二〇〇二年三月末での地域改善財特法の失効によって、全国の同和奨学金制度は廃止される。以後は、都道府県ごとに新設される奨学金制度に引き継がれる。これは国と府県が財源負担するもので、対象はすべての府県民となる。成績や所得制限など、これまでの育英奨学金より条件はゆるやかになる。ところが、京都市は全国でほとんど唯一、国の補助が切れても、自立促進援助金制度も含め、市単費で同和奨学金を継続する方針を固めている。「自立」の妨害はまだまだ続くのである。

解同詰め市職員と公金詐取

部落問題の解決よりも、行政から物と金をいかに多く引き出したかが、運動の「前進」と考えられるようになるにしたがって、運動自体が行政に依存したものになっていった。

京都市に限らず多くの自治体では、地方公務員法三五条の「職免」（職務に専念する義務の免除）事項を援用して、公務員が勤務時間中に解放同盟の活動に従事することが許されている。京都市の場合、現在年間七〇〇件以上の「職免」が認められている。八九年度までは解放同盟とともに全解連も「職免」を使っていたが、次年度から自主返上している。急速に件数が減ったのはそのためだ。

一回の「職免」時間はだいたい半日どまり。解放同盟などが主催する集会や学習会、行政との懇談会に参加するという理由で認められている。毎日二〜三人は「職免」で解放同盟の活動をしている計算になる。今でこそ、この程度の頻度で済んでいるが、以前は年間五〇〇〇件を超えていた。しかも、五年ほど前までは一回の「職免」時間はまる一日に及んでおり、内容も、解放同盟の温泉旅行や行政交渉、糾弾会への参加から、果ては年休を使い切った職員の特権的な休暇として「職免」が適用されていたことを思えば、ずいぶん改善されてはきている。しかし、一民間団体の組織活動をする名目で、なぜ公務員が仕事をしないことが認められるのか、市民にすれば納得のいかない現状には変わりない。

行政依存型解放運動のもう一つの証明は、同和補助金である。これも近年、いくぶん削減される傾向にはあるが、それでも九九年度には解放同盟京都市協および一一支部に、総額五〇〇〇万円以上が流れている。

金の使い途は、「職免」同様、自ら主催する集会などへの「代表派遣費」、学習会経費など、市民一般には無関係なものばかりだ。支部レベルでは、あきれたことに支部ごとに年数回行なわれる温泉地などでの慰安旅行、スキー旅行などにも補助金が使われている。

同和補助金は前述のとおり、名目上「学習会」などへの助成というかたちになっているが、実際には「学習会」など行なわず、カラ事業などによる公金詐取だったケースも確認されている。たとえば、九九年度の解放同盟千本支部が「学習会」名目で受け取った補助金のうち、少なくとも三件三二〇万円分がカラ事業、もしくは水増し請求による不正受給だった。

この点では、全解連も同罪と言える。九五年度に、同京都市協が受給した補助金約一九〇〇万円のうち、少なくとも八件五九二万円分がカラ事業であったことが判明している。全解連は九六年度より補助金を自主返上しており、それ自体は評価に値するが、解放同盟と行政との不正を一貫して批判してきたこの団体から、いまだに謝罪の言葉一つなく、詐取した公金の返還もしていないのは、嘆かわしい限りだ。

オールロマンス事件、あるいは同特法施行以降、全国で強力に取り組まれた同和対策事業は、部落問題を基本的には解決する原動力になった一方、行政、地区住民、運動団体、そして市民のなかに深い傷跡も残したまま、二〇〇二年三月、ひとまずの「終結」を迎える。

（注）『七項目の確認事項』その他の項目
（一）国税局として同和対策措置法の立法化に努める
（二）同和対策控除の必要性を認め、租税特別措置法の法制化に努める
（四）同和事業については課税対象としない
（五）国税局に同和対策室を設置する。できるまでの措置として担当は総務部長、窓口は総務課長とする
（六）国税部内全職員に対し、同和問題研修会を行う。この際、講師については大阪府同和

対策室及び解放同盟大阪府連と連携相談して行う

（七）協議団本部長の決定でも局長権限で変更することができる

参考文献

『京都の部落問題　第五巻』（部落問題研究所）、『京都の部落史　第二巻』（京都部落史研究所）、『朝田善之助全記録5』（朝田教育財団）、師岡佑行『戦後部落解放論争史　第四巻』（柘植書房新社）

【ザ・部落解放同盟・裏面史！　特別編】

六〇年代　謀略の武装集団化［矢田問題］

一ノ宮美成（ジャーナリスト）

「泣く子も黙る部落解放同盟」

地方政治から行政、教育、そしてマスコミ報道の現場にいたるまで、同和問題に対するタブー意識が浸透して久しい。そのタブー意識の裏には、部落解放同盟の暴力的な糾弾に対する恐怖が間違いなくある。とりわけ東京のメディアでは、いまだに同和問題に対するアンタッチャブルな感覚が残っているとも聞く。

ところで、解放同盟に対する恐怖心、タブー意識は、いったいいつ、いかなる背景で生まれたのか。そのルーツを辿ると、絶対に避けては通れない、ある事件につきあたる。いわゆる「矢田問題」と呼ばれるものだ。

一九六九年三月一三日、大阪市教職員組合東南支部の役員選挙が行なわれた。その選挙で書記次長に立候補した木下浄氏（大阪市立阪南中学教諭、当時）が、組合員に立候補の挨拶状を送ったのだが、それが部落解放同盟矢田支部（大阪市東住吉区）の一部幹部によって「差別文書」と断定され、一方的な暴力・糾弾を受けた。これが「矢田問題」の発端だが、以来、解放同盟は、「部落民以外は差別者」という部落排外主義を振りかざし、地方政治、行政、教育やマスコミ報道に土足で介入する、〝解同ファシズム〟の時代に突入していく。

その背景には、実は解放同盟が振りかざしてきた表向きのスローガン「反差別」とは別に、運動を分裂させ、主導権を握ることによって、利権を独占しようとする狙いがあったのだが、ここでは「矢田問題」の経緯を辿ることで、なぜ解放同盟が暴力的な糾弾闘争に打って出たのか、その背景を探っていく。

木下氏の挨拶文は、実は「踏絵」として利用されたのだ。

「問題視」された挨拶状の全文

解放同盟矢田支部から「差別文書」と決めつけられた木下氏の挨拶状は、次のようなものだった。

「昨年はご支援ありがとうございました。残念ながら落選しましたが、本年こそはと頑張っていますので、どうぞよろしくお願いします。

組合員のみなさん

①労働時間は守られていますか。自宅研修のため午後4時頃学校を出ることができますか。仕事においまくられて勤務時間外の仕事を押しつけられていませんか。進学のことや、同和のことなどで、どうしても遅くなること、教育こんだん会などで遅くなることなどはあきらめなければならないのでしょうか。また、どうしてもやりたい仕事もやめなければならないのでしょうか。

②教育の正常化に名をかりたしめつけや管理がありませんか。越境・補習・同和など、どれをとりあげてもきわめて大事なことですが、それに名をかりて転勤・通勤の問題や特設訪問や、研究会や、授業でのしめつけがみられて職場はますます苦しくなります。新指導要領についても同様です。『どんな良いことでも、お上（行政）からきめられたことはダメだ。自ら要求し、自らがかちとったものが身になり肉になる。』ことを、ひしひしと思い知らされます。

③最後にもう一つ、平和を守り沖縄の即時無条件・全面返還と安保廃棄の闘いを暴力集団を除いた全民主勢力でかちとる。東京都や沖縄の三大選挙のような統一戦線をつくりましょう。

まだまだ、たくさんありますが、このようなことで奮闘して頑張って行きたいと思います。どうぞ、よろしく御支援ください」

以上が挨拶状の全文だが、どこにも差別的な言辞はない。行政当局に、教育・労働条件の改善を実現させたいがため、組合役員に立候補したという趣旨の文面である。

ところが、この挨拶文の載ったハガキが、解放同盟大阪府連の斡旋で、木下氏の勤務する阪南中学に送り込まれていた一教師の手によって、解放同盟矢田支部に持ち込まれた。

そして、三月一八日午後四時、解放同盟矢田支部の幹部が、木下氏と、役員選挙にあたって推薦人になっていた岡野寛氏（矢田中学教諭、当時）、山本和男氏（同）の三人を、同支部事務所のある矢田市民館に呼びつける。事務所には、支部の役員十数人が待ち受けていた。彼らは、そこでいきなり、木下氏の挨拶状と「差別者木下一派を糾弾する」と題した「糾弾文書」をつきつけ、「お前らのやったのは差別や」と詰めよると、「糾弾文書」を認めろと強要したのである。

「糾弾文書」は、木下氏の挨拶状についてこう書いていた。

「あきれたこともあるものである。人民の前衛といい、国民の教育を守る日教組の組合員、教育労働者の組合幹部への立候補あいさつが、部落差別を宣伝し、部落解放運動に反対し、教師の古い意識を同和教育に反対する基盤として結集することを訴えた」「彼を推せんする人々は、ただよいことだからというだけの理由で、同和教育を中傷し、その実践に水をさそうというのである」「教師の苦しみ、困難さの原因が進学のことや同和のことにすりかえられているのである。具体的には部落解放同盟の解放運動に教師の苦しみの根源があるという恐るべき結論になっているのである。これはいったいどういう思想であろう。論ずるまでもあるまい。人民解放の闘いに水をさし、非難中傷し分裂させ、真の敵を不明にし、差別を温存させる。正に差別者以外の何者でもあるまい」「われわれはこうした差別者を許せない。この差別と思想を断固糾弾する」

「糾弾文書」は、当時の矢田支部執行委員の村越末男氏（現・部落解放・人権研究所理事長）が書いたといわれている。糾弾の場には同氏も出席し、「文書は一人歩きする。だからハガキを受け取った先生から、木下先生らの差別思想が、そのクラスの五〇名の父兄に広げられるのだ」といった奇妙な論理を持ち出し、糾弾は約三時間にわたって続いた。

「頭はりたおしたいぐらいや」「水平社の頃なら、竹やりでブスッとやるところや」「お前、それでも教師か。頭悪いな」「この糾弾文書を認めへんのやったら、今晩帰したらんぞ」

木下氏は、挨拶状の趣旨を何度も説明した。だが、一方的な詰問《きつもん》と脅迫の末、三人の教師は「糾弾文書」を認めさせられ、自己批判書を書くこと、挨拶状を回収すること、木下氏を推薦したほかの一一人の教師とともに、二四日午後五時から開く「糾弾集会」に参加することを強要させられた。

しかしその「糾弾集会」には、一人の教師を除いた一三人の教師が参加を拒否する。彼らは、一八日の脅迫的な糾弾について指摘し、「対等・平等に話し合いができるはずがない。もともと、あいさつ状は差別文書とは思えない。民主団体同士の間では、本当の意味の話し合いを充分にして問題を解決すべきである」と、その理由を矢田支部に伝えた。

ところが、本来、組合員を守るべき立場にあったはずの大阪市教組執行委員会が、当の木下氏に確認しないまま、解放同盟側の言い分を一方的に受け入れる「部落解放同盟矢田支部の糾弾についての市教組執行委員会の責任と方針」を決定してしまう。「東南支部役員選挙において配布された差別文書について解放同盟矢田支部の糾弾は全面的に正しいものである」として、挨拶状を「差別文書」と断定。矢田支部が再度「糾弾集会」を計画すると、大阪市教組本部や同東南支部幹部らが推薦者たちの家を訪問し、糾弾会に出席するよう強要した。そして、二名が参加させられることになった。加えて、この日から、矢田中学校の組合分会責任者である金井清氏が、挨拶状を配布したという理由で、新たに「差別者」の仲間入りをさせられることにもなった。

そして、四月七日、三回目の糾弾集会が矢田小学校で開かれ、解放同盟側三〇人、教組側二〇〇人が参加したが、「差別者」と断定された一一人の教師が出席しなかったため、会は不発に終わっている。

〝糾弾ステッカー〟の嵐

そして問題の四月九日が訪れる。

この日の午前九時半ごろ、解放同盟大阪府連組織部長兼矢田支部書記長だった泉海節一氏、同矢田支部長の戸田政義氏ら一三名が、突然、矢田中学校を訪れ、勤務中の岡野、金井両氏を無理矢理自動車に押し込むと、矢田市民館に連れ去った。午後三時半ごろには、加美中学（現・平野区）勤務の玉石藤三郎氏も、車で乗り込んできた泉海書記長ら解放同盟支部員一〇名に校長室から担ぎ出され、矢田市民館に連行されてしまったのである。

そして開かれた糾弾集会には、解放同盟側約一五〇人のほか、教員組合役員や矢田中学、矢田小学校の教員約八〇人が参加。市教育委員会からも、森田長一郎・同和対策指導室長らが参加し、解放同盟、市教組、教育委員会三者による陰惨な糾弾が繰り広げられた。

会場の中には、「差別者！」「バカヤロウ！」「犬！」といった罵声が飛び交った。「差別者は逃げられたためしがない。地球のはてまでも追いかけてやる。ノイローゼになって死ぬこともあるだろう。お前らを社会的に抹殺してやる」「お前たちが認めなければ、女房、子供をここに連れてきて、よめはんにいわさしたるぞ」

三人の教師たちは、座っていた椅子を蹴飛ばされたり、胸ぐらをつかまれたり、何度も殴られそうになった。長時間にわたって立たされ、トイレに行くのも監視つきという状態で、糾弾は十数時間に及んだ。深夜になって駆けつけた上田卓三・解放同盟大阪府連書記長は、市教育委員会の森田室長に、「三人のクビ切りを要求する」と叫んだ。警察が家族と弁護士の要請を受け、事実確認の電話を入れるまで糾弾は続き、三人が解放されたのは、翌四月一〇日午前二時五〇分ごろのことだった。

この直後の午前四時から六時まで、解放同盟は市教育委員会と交渉を行ない、「岡野、金井、玉石、木下らは差別文書を差別だと認めない。このような教員をつくりだしたのは、市教育委員会の責任である。われわれは、差別者がこれ以上教壇に立つことは、到底黙視できない。同和教育推進の重大な障害となっているこれらの者を、我々は教師として認めることはできない」と、木下氏を含む四人についてクビ切りを要求した。

そして市教組執行委員会は、「矢田問題」の関係教師一一人が糾弾集会に出席せず、差別も認めず、自己批判しなかったという理由で、一二日、一一人全員に組合員としての権利停止処分を下した。

こうした一連の事態に対して、糾弾を受けた三人の教師は、身の安全を図るため、四月一九日、西岡智・解放同盟大阪府連副委員長、上田同書記長、泉海同組織部長兼矢田支部書記長、戸田同支部長を、逮捕監禁・強要未遂罪で大阪地検に刑事告訴している。

しかし、三人に対する糾弾はますますエスカレートしていった。

四月から五月にかけて、矢田支部員が生徒を扇動し、生徒の面前でさらしものにしたり、運動場に引っ張り出し、朝礼台に立たせて糾弾、屈服を迫ったりもした。

「部落解放同盟」の署名入りのステッカーが、木下氏を含む四人の教師の自宅付近に貼りめぐらされたこともあった。

「部落民を暴力団視する差別教師○○を糾弾する」「部落民を権力に売り渡す差別教師○○を糾弾する」「なまけもの差別教師○○を糾弾する」「差別共産党員　差別教師○○を糾弾する」「大酒飲みの差別教師○○を糾弾する」

ステッカーは、矢田小学校の印刷室で、解放同盟員によって印刷されたものだった。

ちなみに、「大酒飲み」うんぬんのステッカーには、金井氏のみの名前が書いてあったが、金井氏は酒は飲まない。「矢田問題」はのちに訴訟へと発展したが、その法廷で解放同盟員が、酒を飲まない金井氏にだけ「こら、大酒飲み。酒を飲んで、村の中をぶらぶらしやがって」とヤジを飛ばしている。当の解放同盟員は、上からの指示でそう言わされたのか、あるいはそう信じこまされていたのか……。まさに、嘘が嘘を呼ぶエピソードだった。

圧力は弁護士にも及んだ。弁護士宅付近に、「部落民を官憲にうりわたす○○弁護士を糾弾する」「差別教師をかばう○○弁護士を糾弾する」「部落民の敵○○弁護士を糾弾する」「同和教育を否定する○○弁護士を糾弾する」と書かれたビラが貼られた。矢田支部の中田順青年部長ら一〇人が、八尾市にあった岡野氏宅に押しかけ、同氏の妻や心配してかけつけてきた近所の住民に、「教育委員会も木下文書を差別文書とみとめている」「毎日来るぞ。二、三日したら宣伝車をいれるぞ」と脅したりもした。このころ、岡野氏宅近所のポストには、連日のように『解放新聞大阪版』や「差別者、オカノを八尾市よりおい出そう」と書いたビラが放り込まれていた。岡野氏は結局、五月一三日に、中田青年部長を逮捕、監禁、暴行ならびに傷害罪で大阪地検に告訴している。

『朝日新聞』が見殺しに

当時、矢田中学では、木下氏の挨拶状を矢田支部に持ち込んで、「矢田問題」のいわば火付け役となった同和主担・斎藤弥彦氏が、生徒に挨拶状を「差別文書」と認めさせようと、プリントにして教室で配布し、討議させていた。

だが、「あれは差別文書やあれへん」と生徒から反発の声が上がったため、斎藤氏は担任の教師に向かって、「君はなんで差別文書やとよう説得できんのや」と責め立てた。このためノイローゼになる教師も出たという。こうした「差別文書」の強要は、斎藤氏が、五月一三日、飲酒運転車に同乗し、交通事故に巻き込まれて大怪我をするまで続いた。

一方で市教育委員会は、解放同盟に全面的に従った。まず五月九日に岡野氏、そして二〇日には木下・玉石両氏に対して、大阪市教育研究所での長期無期限の研修命令を出している（金井氏は当時、病気入院中）。研修では、研究所が物置にしていた玄関横の一室が用意され、市教育委員会から派遣された二名の指導主事が、毎日三人にテーマを与えて自習とレポート書きの監視役となった。部屋の薄暗さと相まって、そこはまさに格子なき牢獄、幽閉の空間だった。

その後、大阪市教委は、「矢田問題」を理由に関連教師を強制配転し、八年間におよぶ「研修」を強要しつづけた。

この間、大阪市は、「同和問題」特集の『市政だより』（六月号）一〇〇万枚を市内各家庭に配布。ここで、木下氏の挨拶状を「差別文書」として取り上げ、「矢田問題」を全市民的問題に仕立て上げている。

マスコミもまた、解放同盟の応援団を買って出た。

『朝日新聞』など大手紙の五月二三日付朝刊が、「同和対策審議会答申完全実施要求府民共闘会議」の「大阪市教組東南支部役員選挙をめぐる差別文書事件を批判する共同声明」を掲載したのである。この「声明」は、部落解放同盟、総評大阪地評、大阪教職員組合、自治労大阪府本部の四団体代表で構成された小委員会の案としてまとめられたものだが、大阪地評常任幹事会では、原案に反対意見が出て決定を保留していたシロモノだった。なにより、当時の同共闘会議・田万清臣議長も、「共同声明」についてては知らなかったという。

つまり、大手マスコミは、人の一身にかかわる重大な声明を、その当事者たちが決定もしていないのに記事として公表したのである。これこそ、「矢田問題」に関係した教師たちに対する、重大な人権侵害行為だった。

なかでも『朝日新聞』は、解放同盟に対する応援団ぶりがきわだっていた。たとえば、この年の九月一四日付で「深まる双方の対立――部落解放同盟・共産党」と題する特集を組んだが、「矢田問題」をはじめとする解放同盟の暴力や脅迫の事実には何一つふれず、「暴力は無かった」「脅迫、強要はしなかった」「事実無根だ」「共産党の差別キャンペーンだ」といった解放同盟側の言い分をそっくりそのまま紹介していた。

激しい糾弾のウラにあった「謀略」

では部落解放同盟は、なぜこの時期に激しい糾弾闘争を起こしたのか。

解放同盟は、この「矢田問題」の広がりと歩調を合わせるかのように、木下挨拶状を〝踏絵〟にして組織分裂に乗り出していた。

まず解放同盟大阪府連は、六月二九日の大会で、木下挨拶状を差別文書と認めない堺市、東大阪市蛇草《はぐさ》支部らの代議員権を剝奪、ついで両支部長を除名処分にしている。九月に入ると、堺支部の一九人の支部執行委員の除名を強行し、一〇月には蛇草支部の幹部四人を統制処分にかける。さらに年末にかけて、堺市、東大阪市蛇草、羽曳野、箕面市の四支部を組織的に排除。東大阪市荒本、高槻市、富田林市などの支部活動家の除名を強行し、約千人の同盟員を組織から追い出した。

なぜ、こんなことが起こったのか。それには、国の同和行政の大転換、そして同盟内で猛威を振るっていた一つの〝解放理論〟が背景にあった。

「矢田問題」が起きた六九年は、その七月から同和対策事業特別措置法が施行されることになった年でもある。以降、同和対策事業が国の政策として全国的に行なわれていくのだが、同和対策審議会の答申で法律の施行が決まったのが、六五年八月。解放同盟内では、答申にあった「同和問題は国民的課題」という文言の評価（同和行政を

「住民自治の原点」「民主行政の原点」などと〝至上の課題〟にまつりあげた）や、特定候補（松本英一・旧社会党参院議員）の支援押しつけなどをめぐって、組織の不団結が表面化していた。そうした流れのなか、当時の部落解放同盟中央委員長・朝田善之助氏の出身母体の京都府連をはじめ、いくつかの地域で組織分裂を図っていた本部派、つまり朝田派は、本格的に実施されようとしていた同和対策事業の独占を狙っていたのである。

また当時、解放同盟の部落解放理論として猛威を振るっていたのが、委員長・朝田氏の「朝田理論」だった。

「朝田理論」は、「日常、部落に生起する問題で、部落にとって、部落民にとって不利益な問題はすべて差別」「部落民に対する社会意識としての差別観念は、その差別の本質に照応して、日常生活化した伝統の力と教育によって、自己が意識するとしないとにかかわらず、客観的には空気を吸うように一般大衆の意識のなかに入りこんでいる」（朝田善之助著『新版　差別と闘い続けて』朝日新聞社）というもので、この考え方にならえば、部落民以外はすべて差別者ということになる。言いかえれば、いつでも誰でも、差別者に仕立て上げることができるという理論だったのだ。

冒頭の「矢田問題」は、こうした朝田理論が下敷きになって起きたもので、それを〝踏絵〟として批判分子を排除し、同対審の答申「同和問題は国民的課題」を拠り所に、自治体に同和対策事業を押しつけ、その独占を狙うための恰好《かっこう》の道具でもあったのである。

手元に、当時、解放同盟大阪府連が作成した「矢田教育差別事件に対する当面の方針」と題する文書がある。ここでは、「共産党を徹底的に浮き上がらせることが勝利のカギである」と、共産党攻撃を最大の目標にしながら、当面「『木下あいさつ文』の差別性を徹底的に教組の中にいれていく事」に重点を置き、「勝負はここでつける」「これが戦場である」と念を押している。「朝田委員長の指摘にもあるように」とも付け加え、矢田問題の重要性をこれでもかと強調している。

「教組の中へ問題を入れていき、各分会からドンドン『木下あいさつ文』は差別文書である。木下氏らは告訴を取り下げて、解同とよく話しあうべきである。そして自己批判をして早く隊列に復帰すべきだといった決議文を上げさせていく」「解同↓各支部がいっせいに分会交渉を粘り強く持って、部落問題や同和教育を入れていく事」「教組↓『スト』を組む時ぐらいの熱意を持って、幹部活動家が徹底的なオルグを展開する事。どうしても、差別性を認めない者は仲間から浮き上がらせることが大切である」「共産党が連日のごとく差別キャンペーンを行なっていることに対し、社会党総評、自治労など在阪の民主勢力の反応がきわめて弱い」

文面をそのまま読めば、政党や労働組合は、部落解放同盟の従属物扱いである。

事実、この時期、こんな事件も起こっている。八尾市の共産党市議会議員・斎藤俊一氏が、八尾市議でもある解放同盟西郡支部長が同和向け市営住宅のカギを握ったまま、住宅が建って一〇カ月も経つのに希望者を入居させずにいたことを市議会代表質問で取り上げようとしていた。それに腹を立てた西郡支部幹部ら約五〇人が市役所に押しかけ、「代表質問やるな」と、同氏に殴る蹴るの暴行を加えている（八九年六月一四日）。さらには、大阪府連幹部の西岡、泉海、大賀正行氏らの指導のもと、府下各支部からヘルメットをかぶり、こん棒まで用意した部隊を含む千数百人を八尾市議会に動員、議会各派議員を恫喝して、斎藤氏の質問を封じようともした（六月二七、八日）。結局、斎藤氏は代表質問を行なったが、解放同盟に屈服した他会派の議員は斎藤市議の懲罰動議を可決。そして、翌七月七日の本会議で、同市議を除名処分にしてしまった。

しかも八尾市は、斎藤議員を除名した四会派の言い分をそのまま載せた『市政だより』と「議会声明」を市民に配布した。斎藤議員は、九月二〇日に大阪地裁が除名効力停止の決定を下したことで、三カ月半後にようやく議員の資格を取り戻している。解放同盟による共産党議員除名運動は、大阪市議会にも持ち込まれた。解放同盟大阪府連は、六月二一日、「矢田問題」で共産党のとった態度は「差別を助長するもの」「差別者集団」と決めつけ、大阪市議会議長宛に「処理」のため市議会を緊急に開くことを要求する文書を提出した。七月七日には、共産党を除く政党会派幹事長と朝田・中央委員長、岸上繁雄・府連委員長（注）、西岡智・同副委員長、上田卓三・書記長、松田慶一・同執行委員が、大阪市内のホテルで会談している。そして、七月一二日に臨時議会が開かれると、動員された同盟員二〇〇人が、同市議団団長と議員の二人に暴行を働いた。

こうした共産党市会議員除名策動はその後も続き、翌八月一九日、市議会は提案理由も説明も質疑応答もないまま、二分間で、自民、民社、公明、社会四党の賛成多数によって、「同和問題に関し共産党大阪市会議員団の反省を求める決議」を採択している。

まさに、自治体が解放同盟の支配下にあるかのような様相を呈していたのだ。

こうして〝独占〟された同和対策事業

前述した同和対策事業特別措置法が施行されて以来三三年間、大阪府下で投じられた同和対策予算は二兆八〇〇〇億円を超す。「矢田問題」を踏絵にした組織的な同盟員の排除の目的は、解放同盟本部派が「朝田理論」に批判的な勢力を同和対策事業から締め出し、こうした巨額の予算を独占することにあったことは間違いない。

そうした狙いは、俗に言う「窓口一本化政策」として集大成する。自治体が行なう同和事業はすべて解放同盟が窓口になるというもので、大阪では解放同盟が事実上支配する大阪府同和事業促進協議会（府同促）、大阪市同和事業促進協議会とその傘下にある地区協議会に、行政が同和事業を委託するかたちで進められてきた。いわゆる「同促協方式」と呼ばれるものだ。こうして肥大化していった同和対策事業は、行政施策で一般住民との間に逆差別現象を生み出し、一方で部落内住民支配の道具として、新たな差別をつくりだすという深刻な矛盾を抱えることになる。

その窓口一本化行政の突破口になったのは、大阪府吹田市だった。

発端は、「矢田問題」が起きてまもなくの、六九年六月四日のことだった。解放同盟大阪府連の方針に批判的だった同盟光明町支部と吹田市が交渉している席に、同盟府連幹部と同光明町新解同支部の高田登美雄氏（元・全日本同和会）ら三〇〇人が乱入。テーブルをひっくりかえしたのを合図に、交渉参加者に襲いかかり、見境なく殴りつけた。男女あわせて九人が負傷し、当時の泉降次郎・市同和対策室長ら市幹部も殴りとばされたうえに連れ去られた。

なぜ、ここで二つの解放同盟支部が出てくるのか、背景を説明しておく。

解放同盟吹田支部は、六一年に結成された。ところが、分裂政策を進めていた大阪府連側が、事件の起こる前年秋から、二十数人の同和地区住民が同吹田支部に対して申請していた同和地区中小企業融資の決定と受給を延期せよ、という圧力をかけてきた。府連側の言い分は、同吹田支部が、自民党が保護育成してきた全日本同和会との統一方針に従わないというもので、支部三役の辞任を要求してきた。その一方で府連側は、上田書記長、泉海組織部長を中心にして、八九年二月、同和会幹部の高田氏を支部長とする新解放同盟（新解同）光明支部を結成した。この時点で、従来の吹田支部には、同和地区全世帯の八割にあたる二五〇世帯が加入している。新解放同盟支部の会員は五〇世帯だった。つまり背景には、解放同盟支部の分裂があったというわけである。

一方、新解同は、交渉の場に三〇〇人が乱入した前日の三日夜から五日夜まで、三日二晩にわたって、山本治雄吹田市長（当時）宅をとり囲み、市長とその家族の外出を妨害している。ガス・水道の元栓を切り、電話線を切断。柵を乗り越えて家宅に侵入し、焚き火をしながら池の鯉まで食らうなど、無法の限りをつくした。さらには、数百人の動員部隊が、夜通しどらや太鼓を打ち鳴らし、同市長を脅迫した。

このとき、山本市長は警察に訴えたが、「ガスはガス会社に、電話は電話局に、水道は水道局に言ってくれ」と、けんもほろろだったという。そして五日夜には、府民生部の畑中豊作部長から、「府連と新解同に会わないのはまずい。攻撃は日増しに増大するだろうから、態度をかえて会うようにしたらどうか」と、山本市長に圧力をかける電話が入ったともいう。

結局、山本市長は、翌六日、府下から約八〇〇人を動員した新解同と約二時間にわたって交渉させられた末、「いっさいの同和対策事業は、部落解放同盟府連が指導する高田登美雄氏を支部長とする光明町支部を通じておこないます」といった、いわゆる窓口一本化の確約をとりつけさせられたのである。さらに、「矢田問題」について、吹田市教育委員会独自の見解を『市政ニュース』に掲載することも確約させられている。しかもその内容は、府連が検閲するという条件までついていた。

さらに、この交渉の席上で、公金二〇〇万円が、市当局から新解同に「解決金」と称して手渡されるという事態も起こった。のちに市長は、この公金支出について、「府連幹部や新解同光明町支部幹部から、予算を残しておけば、他の団体に支出するおそれがあるから全部出せと言われ、支出した」と弁明している。

それにしても、どうしてこんな無法がまかりとおったのか。その理由は、実は当事者でもある大阪府連の泉海氏の口から、得意満面に語られていた。

同氏は、五日、山本市長宅包囲に動員された同盟員に向かってこう叫んだという。「警察は、山本市長がわれわれの排除を要請しても応じない。むしろ、部落問題については、警察はわれわれの側だ」。その理由として、府警総務部長が大阪府同和対策審議会に入っていることを挙げ、「このこと（山本市長宅包囲について）については、話し合いがついている」と言ったのである。

すべては〝タカリ〟のために

話を「矢田問題」に戻そう。

六月一八日、大阪市教育委員会は、「矢田問題」の木下氏ら三人の教師に対して、村越末男・矢田支部教宣部長（府教育委員会同和教育指導員、当時）を講師に迎えた特別研修を受けるよう職務命令を出している。矢田市民館で行なわれたこの特別研修の席に出席した泉海氏は、木下氏らを前にして、山本市長宅包囲の経緯について、こう得意満面に語ったという。

「この間、吹田市長を捕まえた時、さすがに暴行とはいわなかったが……。市長が水道が切れた、電話が止まった、米がなくなったといってきたので出動したと機動隊の隊長が言うとった。わしは、水道なら水道局へ行け、電話なら電々公社へ行け言うたら、機動隊長は、〝そやそや〟と言うて帰っていった」

全国最初の同和事業における窓口一本化政策は、こうした暴力と脅迫を背景に、警察の庇護のもとにつくりあげられていったのである。

この吹田方式は、たちまち大阪府下の自治体にも広まっていくことになる。同年一二月二六日には、上田書記長ら十数人が羽曳野市役所に乗り込み、当時の松本久男市長を五時間にわたって〝監禁〟。「同和行政は今後府連が認める新支部を通じておこなう」などとした、「誓約書」を書かせた。松本市長は、辞表を助役にあずけたまま姿をくらますなど、市政は大混乱したが、府連側は「今辞められたら具合が悪い」と、同市長を引き戻した。

こうした暴力と脅迫路線は、七〇年代に入っていっそう広がりをみせることになる。

ところで、解放同盟府連幹部が、暴力・糾弾路線で自治体支配を始めたこの時期、当の府連幹部をめぐって、一つの疑惑が持ち上がっていた。一一月一八日、大阪市議会で共産党議員が取り上げたもので、府連組織部長で矢田支部書記長の泉海氏の所有地を、市が矢田西保育所増築用地として買い上げ、土地（九三・五坪）代として八四一万円、建物補償費の一部として一二三〇万円を支払っていたというのである。通常、建物補償は、契約成立時に半額、撤去時に残り半額となっているため、総額は二四六〇万円となり、土地代と合わせると三三〇〇万円を超えることになる。

市側は、あくまで「一部」とし、補償額の全額については、「個人の問題」として答弁を避けたが、当時、泉海氏は、保育所増築計画が起こったことで、市に四〇〇〇万円を要求したといわれている。

もともと泉海氏は、「部落産業の育成」を名目に市から矢田地区の土地を払い下げられていた。それが市の事業計画予定地になったということで、市に換地と補償を要求していた。そこで市は、以前の二倍半の換地のほかに、五〇〇〇万円の営業補償を差し出していた。そのとき換地された土地が、このときの保育所増築用地で、泉海氏は、トラック数台を買い込み、そこで運送会社・丸泉運輸を経営していた。しかし、経営がうまくいかず、多額の借金を抱え込んでいたのだ。

この時期、泉海府連組織部長と松田慶一執行委員が、「部落産業の振興」を名目に、大阪府の負担で総額一九〇万円をかけ、二三日間のソ連・東欧旅行に出かけていたことも発覚している。ほかにも、「大阪府軽工業ソ連市場調査団」と銘打って府に一六〇万円を出させ、泉海、松田氏のほか、岸上委員長、上田書記長、向井正執行委員が、三二日間にわたってソ連、東欧を旅行していたこともわかった。この旅行には、府の補助金でもある財団法人大阪府同和事業促進協議会の事業促進費からも五〇万円の「訪ソ団補助金」が出されていた。

また、大阪府庁に、一般利用者を締め出しての解放同盟幹部の専用駐車場が二カ所、「同和対策室」の看板を掲げて設けられていることも発覚した。七〇年には、「府同促」を牛耳っていた「解同」府連幹部が、買ってもいないバスを「購入した」と嘘の精算書をデッチ上げ、府同促から補助金五三六万円をかすめとったことが発覚。さらに、「指導員報酬」名目で西岡智・府連副委員長（当時）が九七万八〇〇〇円、「同和住宅管理員」名目で上田書記長が九六万五〇〇〇円など、計四三人の解同府連幹部らが併せて一七五〇万円もの手当を「府同促」から引き出していたことも明るみに出た。

暴力・糾弾路線は、一皮めくれば、行政との癒着あるいは行政へのタカリであり、解放同盟は、自らが掲げるスローガンやその名称とは裏腹に、利権屋集団としての素顔を露呈することになった。

それが七〇年代に入ると、いっそう肥大化し、一方で多くの府民の反発を買って、大阪に初めての革新府政、そして革新市政を誕生させることになっていく。

（注）岸上繁雄氏のその後　岸上氏は、六九年一二月、解放同盟府連委員長として自らの過ちを認め、上田氏ら府連幹部による相次ぐ不正・腐敗と、教師に対する糾弾闘争、反共・分裂主義を厳しく批判。七〇年四月の府連定期大会で運動方針案に「反共、反民主主義路線である」と反対、府連委員長に立候補しないと表明。そして解同から、「矢田問題」を踏絵に除名、統制処分を受けた同盟員が結成した「部落解放同盟正常化委員会」（六九年一一月結成、のちに「全国部落解放運動連合会（全解連）」と改称）に合流。同大阪府連正常化委員会議長、同全国連会議副議長に就任（七〇年六月）した。

【ザ・部落解放同盟・裏面史！　特別編】

七〇年代 人権学習という名の洗脳［解放教育］

一ノ宮美成（ジャーナリスト）

一九六九年の「矢田問題」（二二七頁参照）をきっかけに始まった部落解放同盟の武装化は、七〇年代に入ると、いっそう先鋭化したものになった。その頂点となったのが兵庫県の八鹿《ようか》高校事件（一八八頁参照）だが、解放同盟の拠点・大阪では、同盟の方針に従わない教師への暴力、さらに、子どもたちを巻き込んだ「解放教育」の押しつけで、教育現場は荒廃の一途を辿ることになる。

ちなみに、「解放教育」とは何かを説明しておくと、そもそもは六七年に、それまでの「同和教育」を解放同盟が呼び換えた呼称で、内実は「矢田問題」をきっかけに確立されたものである。

「部落民以外はすべて差別者」という「朝田理論」（二二七頁参照）を下敷きに、「差別の現実に学ぶ」「部落解放という課題を意識的に追求していく」「みずからの被差別という社会的立場の自覚と解放への確信を獲得」「差別と闘う子どもを育てる」ことなどを目的に掲げていた。

以降、解放同盟の運動課題や「理論」が、「解放教育」の名のもとに、公教育の現場にストレートに持ち込まれることになっていったが、「解放教育」とは、つまるところ、子どもを解放同盟の運動の手足として利用することが目的で、人と人との関係を「差別するもの」と「差別されるもの」に二分して教えることで、むしろ差別の固定化を後押ししたのだといえる。こうした差別の固定化は、ある意味で、「解放同盟」の巨大な利権獲得の担保にもなってきた。

映画『橋のない川』のチラシに激昂

教育現場への激しい介入は、「吹田三暴力事件」と呼ばれる一連の事件から始まった。場所は、三日三晩、市長宅を包囲して「窓口一本化」を認めさせた大阪府吹田市。

最初の事件が起こったのは七二年一月だった。部落解放同盟光明町支部の高田登美雄支部長ら十数人が、府立吹田高校にマイクロバスで乗りつけ、狭山事件無罪要求の署名とカンパを強要し、それを断わった教師を「差別者」とどなりつける、さらには、別の教師の机の上にあった、映画『橋のない川』のチラシを見て激昂（当時、解放同盟は同作品を差別映画と決めつけ、糾弾の対象にしていた）、「こんな差別映画を宣伝する教師は糾弾ものだ」と言ってその教師の顔を殴り、傷を負わせたというものだった。

二番目の事件が起きたのは、同じ年の六月。当時、吹田市の教育現場では、教員が高田支部長に『誓約書』を書かされていた。教諭の採用にあたっては、「解放同盟」の指導に従うといった内容のものだが、市立吹田第二中学（吹田二中）の新任女性教諭は、いったん『誓約書』を書いたものの撤回、それを問題視した解放同盟吹田支部の百数十人が学校に押しかけ、その女性教諭を「裏切り者」呼ばわりして一室に監禁。一昼夜、三〇時間にわたって糾弾した。

さらに、同校の教諭二十数人も屈服しないとみるや、以後、二週間にわたって学校に押しかけ、暴力を振るうなどして授業を妨害。この間、高田支部長らは、同校の阿部誠行教諭に、生徒の面前で数回にわたって暴行を加え、傷を負わせている。

そして、解放同盟に押さえ込まれた市教育委員会が、九月一日付で、阿部教諭ら五人を吹田二中から別の学校へ強制配転し、同教諭らが取り消しを求める裁判を起こす事態にまで発展した。

三番目の事件は、やはり同じ年の九月に起こった。吹田市立ことぶき保育園で、高田支部長の孫が跳び箱から転倒し、額にたんこぶをつくったところ、高田支部長らは、それを口実に、担当保母を深夜にわたって糾弾。駆けつけた吹田市職員労働組合の幹部三氏が、糾弾現場に居あわせた吹田市の民生部長に不当な糾弾をやめさせ、「保母を帰宅させるよう」申し入れたところ、高田支部長らは逆にこの三氏に暴行を働いて全治七日から一〇日の傷を負わせた（三事件ともに、高田支部長は傷害罪で起訴され、八八年一一月、最高裁で有罪が確定している）。

また、同じ年の八月には、解放同盟浪速支部幹部が参加して、大阪市民生局職員として浪速区で学童保育の指導員をしていた橋本浙子さんに対し、「矢田問題」の「木下あいさつ状」を差別文書と認めるかどうかの「確認会」が四時間にわたって開かれた。橋本さんが、「差別と思わない」と答えると、市同和対策部はすぐさま「研修」と称して、大阪市立中之島公会堂の一室に、約八カ月間にわたって橋本さんを〝幽閉〟、橋本さんはその後、消防局へ配転されるという事件も起こった。

「解放同盟」の暴力と脅迫とを背景にした公教育への介入は、当時、部落解放同盟大阪府連書記長だった上田卓三氏が発行人代表となった同和教育副読本『にんげん』の教育現場への押しつけや、まだ公判中だった「狭山事件」を教材として持ち込む「解放教育」の横行で、いっそうエスカレートしていくことになる。

「狭山事件」の教育現場への持ち込みの実態は、のちに詳しく触れるが、糾弾闘争や

「教師＝敵」論を掲げるもので、生徒が教師に暴力を振るい、授業が成り立たないといった事態も生み出していった。

小学生のシュプレヒコール、投石

「昭和五十年七月七日（月）晴れ時どき雨……Aたち数人が缶ビールをもってきてみんなでのんでいた。ビールを飲んだAは顔がまっかになり、教室じゅうを酔った、酔ったと言ってあばれまくっていた……」（大阪市立難波中学生徒の日記から）。

これは、七四年二学期初めから起こった、「解放同盟」浪速支部子ども会の一部生徒らによる、大阪市立難波中学での教師に対する暴行、授業妨害、ガラス割りなど、教育現場の荒廃ぶりの一端を示した生徒の日記だ。

教室内で火を燃やす、たこ焼きやホットケーキを焼いて食べる、プレーヤーをかける……。教師が、こうした生徒のふるまいをとがめると、暴行を受け、袋叩きにあうなど、市教育委員会の発表だけでも、八人の教師が入院し、二〜四週間の傷を負ったという。

こうした生徒による教師への暴行は、この時期、多かれ少なかれ、ほかの同和教育推進校（通学区域に同和地区がある小・中学校で、教育委員会が指定）でも起こっていた。

たとえば、「解放教育」のモデル校と言われた東淀川区の淡路中学校では、七〜八人の生徒グループがバットや椅子で同級生三人を殴りつけ、一週間絶対安静のケガを負わせている。西成区の鶴見橋中学校では、六人の教師が生徒から暴行を受け、一人はあわや失明、一人は重いムチ打ち症になって入院したという事件も起こった。

玄関に「五・二二狭山同盟休校」の大看板が立てられた東淀川区の市立中島中学校では、解放同盟支部が、教師の発言を「差別発言」に仕立て上げ、生徒も加えた「差別教師糾弾会」を二度開いていた。その後、被害が明るみに出たものだけでも、三人の教師が一カ月以上の重傷を負い、学校も休校。構内では、生徒が発煙筒をたいたり、消火器の中身を撒きちらしたり、水洗便所に紙をつめ、バルブを開いてガムテープで固定し、校舎を水浸しにしたりしている。天井のいたるところに穴が空き、便所や廊下のあちこちには、落書きも書きなぐられていた。

「解放同盟」本部がある浪速区では、保育所から「解放教育」を徹底していた。保育園児に「ああ、解放の旗たかく」で始まる「解放歌」を歌わせ、ゼロ歳児には、「感覚で捉えさせる」と、テープを聞かせる徹底ぶりだった。

七四年六月、大阪市浪速区内で「共産党演説会送迎マイクロバス襲撃事件」が起こり、解放同盟員が逮捕された。当時、部落解放同盟は、解放同盟の理論と運動とを唯一批判していた日本共産党を「正面の敵」と位置づけ、各地で共産党員や共産党議員に対する暴行・傷害事件を頻繁に起こしていた。

襲撃事件の後、浪速区の市立栄小学校では、小学校教師と「浪速こども会」指導員（市職員）が生徒約二〇〇人を扇動し、共産党と協力関係にあった解放運動団体「全解連」の役員宅までデモ行進、「日共（日本共産党）糾弾」とシュプレヒコール、投石までさせる事件も起こっている。このため、役員の子弟が登校できなくなったのだが、解放同盟の言いなりになっていた市教育委員会は、「登校しないのは親が行かせないから」と居直り、わざわざ新聞折込みの市公報を使って、事件を打ち消すありさまだった。

狭山事件の脅迫状が漢字テストに

七〇年代後半に入ると、「狭山事件」が教育現場に持ち込まれ、子どもが解放同盟の運動に利用される機会もより顕著になっていく。

それは「狭山デー」と称した「同盟休校」や、「狭山学習」というかたちで現われた。

狭山事件とは、六三年五月、埼玉県狭山市で、当時一六歳の女子高生が何者かによって強姦・殺害された事件である。容疑者として逮捕された石川一雄被告は、当初、〝自白〟し、その〝自白〟に基づいて〝物証〟が発見され、その結果、一審で死刑判決が下された。

裁判は、石川被告が、東京高裁の第一回公判で初めて自白を撤回するなど複雑な経過をたどったが、最大の焦点は、石川被告が犯人であるかないか、つまり、一般の刑事事件だった（七七年八月、最高裁で無期懲役が確定。この間、石川被告――九四年仮釈放――は、東京高裁に二度にわたって再審請求したが、棄却された）。

ところが部落解放同盟は、石川被告が同和地区出身者だったことから、一方的に「狭山差別裁判」として運動に利用する。七六年一月と五月、全国一斉の規模で、「差別裁判糾弾」「石川にいちゃんかえせ」などと書かれたゼッケンを子どもにつけて集団登校させ、ビラも撒かせるなどし、「同盟休校」を強行。つまるところ、公教育に、係争中の刑事事件を持ち込む運動が始まったのである。

解放同盟は、この同盟休校について、「われわれにとって最高の戦術は先輩たちがあみだした『国民の義務を拒否するたたかい』」（解放同盟日之出支部機関紙『解放』）と説明した。

しかし実態は、父母に確認書を書かせたり、登校すれば処分するといった恫喝交じりのものでもあった。父母からは、「参加しないと、（解放同盟から）住宅入居や給付金を止めると言われた」といった声もあがった。

同盟休校はその後、「狭山裁判」で東京高裁が無期懲役の判決を下した一〇月にも行なわれることになるが、大阪市内の同和校では、「学校に行きたいと言う」子どもに向かって、母親が「二年だけ、がまんせ。下の子が保育所に入れてもらっているのがわからんのか。あと二年したら解同のお世話にならんでもええ、二年だけ解同の言うこと聞いて」と泣きながら説得したという話もある。同盟休校は、つまるところ、「狭山事件」を政治的に利用した、同和地区住民への支配の道具でもあったのである。

狭山デーでの「狭山学習」も、おおよそ教育とは無縁の内容だった。たとえば、東大阪市立意岐部《おきべ》東小学校では、音楽会で「狭山差別裁判をうちくだこう」の歌を歌わせ、街頭で「差別裁判反対」のビラを配らせる、運動会のくす玉割りで玉を割ると「天皇制反対、差別裁判反対」の垂れ幕が飛び出す、といった具合だ。また、八〇年一月の同盟休校では、学校を閉鎖し、教頭を先頭にゼッケンをつけて市役所まで子どもたちをデモ行進させている。こうした「解放教育」の結果、同校では一クラス分の三五人が転校する事態まで招いた。

学校によっては、「人権学習」の一環として、児童に狭山事件の被害者が埋められていたのと同じ大きさの穴をスコップで掘らせ、死体を埋めるために必要な時間を計ったり、被害者の体重と同じ重さの物を「死体」とみたてて背負って走らせるという「現場再現実験」もしたり、事件で使われた脅迫文の筆跡を学習させたり、脅迫状を漢字テストに使うところなどもあった。

また「解放教育」では、差別につながるとして、オール3の通知表を全生徒に配布したり、通知表をとりやめたり、運動会の競技には順位がつきものだからと、徒競走で子どもを横一列に並ばせ、全員に竹の棒を持たせて順位がつかないように走らせたりもしている。

大学裏口入学の強要

解放同盟幹部は、「解放教育」を公教育に持ち込む一方で、高校や大学に裏口入学も強要していった。

たとえば七三年一一月、当時の泉海府連副委員長ら幹部は、大阪市立大学当局者を解放同盟矢田支部に呼びつけ、「学力が低いのは差別の結果であるから、成績が悪くても入学をさせて、部落解放の立場で闘う医師や弁護士をつくるのが当然」と、医学部と法学部に裏口入学を要求したことがある。断わられると、大阪市に圧力をかけ、市の委託学生という名目で裏口入学を押しつけようとした。大阪市は、七四年二月、関西大学にも「部落青年」の受験番号を示して「裏口入学」をほのめかし、「委託学生」の検討を迫っている。

七六年二月には、松原市にある私立大鉄高校に、入学試験で不合格になった生徒を入学させるため、大阪府私学課に圧力をかけ、同課から大鉄高校に「特別入学の配慮をいただきたい。とくに解放同盟矢田支部の生徒についてはよろしく」と電話をさせている。大鉄高校の校長も府庁に呼び出され、その場で矢田支部の戸田政義支部長らから二次試験の実施を約束させられた。

しかし、その生徒は二次試験でも不合格になったため、大鉄高校の校長、教頭は、「約束が違う」と糾弾されている。結局、校長が「特別補欠合格」にすると表明する顚末となった。

解放同盟幹部は、裏口入学を強要しただけではない。大阪市に、七四年、特別の奨学金制度、「人材育成特別修学資金」をつくらせてもいる。

それは、従来から大阪市にあった「なにわ奨学費」――①医学部門関係の大学に入学するとき、②従来からある同和地区出身者を対象にした大学入学、修学のための奨学金では対応できないとき――に利用するもので、七四年は一人、七五年は三人、七六年は五人、七七年は六人に、奨学金が貸与されている。このうち、七五年度生の中には、兵庫医科大学に入学した解放同盟府連幹部の息子がいた。その学生は、一回生を三年間も繰り返し、放校処分寸前に二回生に進級。この学生の医科大学入学費、修学資金など、いっさいの費用は、この新しい奨学金制度でまかなわれていたという。兵庫医科大学の場合、入学時には、入学金、授業料その他で最低七八〇万円（当時）かかり、ほかにも「学債」の購入が必要だった。

余談だが、解放同盟が裏口入学を要求した大阪市立大学の付属病院では、解放同盟幹部から紹介された患者は優先診療されることが、日常茶飯事になっていたという。入院費の未払いも起こり、病院側が請求すると、「それは大阪市環境保健局が支払うもんや」と一喝されたため、同環境保健局に請求すると、同局の幹部は「そんなもんは未納で扱い、不納欠損処分にしたらいい」と答えたともいう。

七三年には、入院した泉海副委員長（矢田支部元支部長）が、「仕事に必要だから部屋に電話をひけ」と要求し、実際、電話を取りつけるなど、解放同盟幹部による大阪市大病院の私物化は、枚挙にいとまがなかった。

解放同盟による大学への介入は、七八年六月、「一連の部落差別事件に関る大学統一糾弾集会」計画でいっそうエスカレートしていった。

きっかけは、大阪府下の八大学が、上田卓三・府連委員長名で一方的に呼びつけられたことだったが、解放同盟がこのときに「差別体質」ありと決めつけた「一連の大学」は、大阪大学、大阪市立大学、大阪教育大学、近畿大学、関西大学、大阪芸術大学、桃山学院大学、四天王寺女子大学。大学で発見された、誰が書いたものかもわからない「落書き」を口実に、大学の対応に「見るべき努力の跡が見られない」と、大阪市浪速区の部落解放センターで糾弾会を開いた。

上田府連委員長名で各大学に送られた文書では、①「あいつぐ差別事件を深く分析し貴大学としての見解と社会的責任をあきらか」にする、②「部落解放に貢献する大学づくりに向けて教育・研究体制を整備拡充せよ」、③「部落解放運動への協力の具体的方向をあきらかにせよ」といった三点が申し入れされ、②を具体化する方法として同和教育論の教職課程必修化を挙げていた。

では教育現場に介入し、支配者のようにふるまってきた部落解放同盟幹部は、どんなことを教師に教えていたのだろうか。実際には、部落解放とはおよそ無縁のことをぶっていた。

たとえば、八六年一二月には、大阪市教育委員会主催の「同和教育研修会」が開かれている。市のすべての学校長、幼稚園長らを集めた研修会だったが、ここで山中多美男・解放同盟大阪府連教宣部長（当時）は、「管理職の任務」と題した講演を行なった。山中氏の講演は、「教師の中に個人主義・自由主義・分散主義が浸透している」として、「管理職の統率力」や「統率者の資質と努力」を説くもので、まるで企業の労務対策並みの内容だったが、実際、「レジュメ」の種本は、旧陸軍中佐・大橋武夫氏の著書『統率学入門』だったという。

不登校を生む〝教育的指導〟

ところで、七〇年代後半、前述の「同盟休校」は、結局、「子どもの学習する権利を奪う」といった父母らの激しい批判にさらされ、八〇年代に入ると中止に追い込まれたが、「狭山デー」は引き続き行なわれている。

「狭山デー」とは、「同和教育の推進校」において、「2・7」（狭山事件裁判上告趣意書の日）、「3・3」（水平社の日）、「5・23」（石川被告逮捕の日）、「10・31」（石川被告死刑判決の日）などの日に、子どもに「ゼッケン登校」をさせ、狭山事件をテーマに「石川さんは無実」「警察が悪い」といった授業を行なうというものである。

さらに同時期、一部の自治体では、人権教育の名目で「解放教育」の〝国際化〟も図られ、朝鮮の歌や踊りを教えたり、「本名宣言」と称して、在日朝鮮人の子どもたちに朝鮮名を名のらせたりしている。

八〇年代後半から九〇年代にかけては、学校現場で〝差別事件〟が〝多発〟したことを理由に、「同和教育」へのテコ入れが行なわれていった。その背景には、「差別事件で行政当局を追及し、その中で部落解放基本法が必要との言質《げんち》をとるよう」（八五年一二月、解同中央本部の各都道府県連への「通達」）という、「差別事象」を利用した「部落解放基本法」の制定運動があった。

大阪府と府教育委員会が九二年に発行した冊子『差別事象からみた同和教育の現状と課題』では、八八年から九一年の四年間で、計一〇六件の「差別事象」が「府下全域で生起し」「学校における部落差別事象はあとを絶っていない」と指摘している。

では、ここで府が言う「差別事象」とはどんなものだったのか?

たとえば、九二年九月、大阪市内のある小学校の六年生男子児童が休日に遊んでいた「てんちょう」というボール遊びのなかで、地面に書かれた枠の順序を「士農工商」とし、負けた子どもと交代する待機者を「えたひにん」と呼んでいた。この様子を見た別の学校の教師が、児童の学校に連絡。学校側は直ちにこれを「差別事象」と断定。遊んでいた児童の親を呼び出して、「あなたの子どもは差別した」と言って〝指導〟したということがある。

児童たちは社会科の授業で、幕藩体制の身分制度として「士農工商えたひにん」を勉強し、それを日ごろの遊びのなかに取り入れていただけだった。

また、なかには、こうした〝指導〟が生徒の不登校につながってしまった例もある。

大阪府八尾市のある中学校では、こんな事件も起きている。一人の女生徒が複数の男子生徒からいじめを受け続けていた。それに対し、女生徒が思わず発した言葉が、差別発言と断定され、学校側は生徒集会を開催し、校長が「いじめうんぬんより発した言葉が大きい」と女生徒に謝罪を要求した。結局、こうした措置は、女生徒に対する学校ぐるみのいじめに発展し、彼女は不登校になってしまったという。

「なんでいっしょにあつかってくれへんねん」

「小1のころ、警察は悪いと思っていた。4・5年のころ、石川という人は、前に悪いことをしてつかまったんだなと思った。中1になって、狭山の話が出るといっぱい疲れる。もう、あほらしいと思ってきた。中3になってぼくは、もうすべてを忘れたい。正直言って、狭山とか部落問題とか教えるのは反対だ。もううんざりする」

「いまさら部落民とかいう民はないわ。みんな同じ中学校の同じ生徒や。みんないっしょとちがうか」

「家にも先生らやってくる、おれらは逃げる。逃げてもあかん。学校で必ずつかまる。学校で『地区生』言うて、おれらだけ集められる。家でも学校でもつかまる。なんでみんないっしょにあつかってくれへんねん。何でおれら『部落民』や言わなあかんねん。それがものすごう腹立つ」

これは、九〇年代後半、大阪市内の同和地区の子どもたちが、中学卒業前に書いた作文からの引用だ。

小学校入学以来続けられてきた、「狭山事件」や副読本『にんげん』を使った同和・人権問題の学習、「地区生」として、地区外の生徒と分けて特別に扱われてきたことに、当の同和地区の生徒がどんなに反発しているかが、よくわかる。

これまで、大阪府下では、一般校の一〇校分もの費用をかけた超デラックス校をつくったり、小・中で一一〇校ある府下の同和教育推進校には、一〇〇〇人もの教員を「同和加配」として特別に配置してきた。その結果、同和校には、一般校と比較して三倍近い教師がいる。また放課後は、教師が同和地区に出張し、「地区学」と呼ばれる同和地区の子どもだけを対象にした学習会で、国語や数学などの勉強を教えてきた。就学に際しても、特別就学奨励費、解放奨学金制度をつくるなど、いたれりつくせりの施策（注）を続けてきた結果が、先の生徒の作文である。

三十数年間にわたって行なわれてきた「解放教育」「同和教育」というものは、いったいなんだったのかということになる。

こうしたかたちで、「解放教育」「同和教育」が破綻してきた一方で、九〇年代以降、「人権教育」「人権学習」の名のもとに、フィールドワークと称して、一般校の生徒に、同和地区の解放会館や施設を見学させる授業も登場している。新たな装いのもと、子どもに「地区は特別なところ」との意識を植えつける、言い換えれば差別を固定化し、再生産する活動も教育現場で行なわれている。

ちなみに、二〇〇〇年度の大阪府の府民意識調査は、小学校から高校までの間に、

「同和教育を受けた人ほど現状認識が厳しく、かつ将来展望も厳しい」「差別は厳しくて解決は困難だという認識を持つ傾向が認められる」と指摘している。同和問題の学習を経験した生徒ほど、同和問題に対する忌避的態度が強いという結果が出ている。

この（二〇〇二年）三月、同和対策のための特別法が期限切れとなる。にもかかわらず大阪府は、従来の「解放教育副読本」（『にんげん』）を「人権教育副読本」に名称変えし、「人権教育」という名前で引き続き「同和教育」を推進する方針だという。

（注）教育格差については、一九九三年に大阪府が行なった調査によると、長期欠席児童（小学校）は同和校一・七％（府全体一・一％）、高校進学率は同和地区九二・一％（府全体九五・〇％）と、ほとんど格差はなくなっている。

【ザ・部落解放同盟・裏面史！ 特別編】

八〇年代　役所のウラ金を平気で喰う人々［五億円公金詐取事件］

寺園敦史（ジャーナリスト）

「毎日、氏神様に祈っていた」

「六月に、ある運動団体の代表が（京都市役所に）乗り込み、書類が持ち出され、職員が誘拐された。職員は午後の八時か九時から夜明けまで庁外に拉致された。書類の持ち出しも数回あり、そのため（改良住宅の）入居基準が全部相手に知られ、初めから書類を作り直さなければならないこともあった」

京都市住宅局改良事業室元課長・川村浩一（仮名、以下同）は、一九七〇年代後半の市同和行政に関係する職場の無法状況について、ときおり涙で声をつまらせながらこう証言した。八三年四月一六日、京都市議会の用地取得等調査特別委員会（いわゆる百条委員会）でのことだ。

なぜ百条委員会が設置されたのか、なぜ川村がそこでこのような証言をするに至ったのかについては後述するとして、彼の証言を続けよう。

「これが役所かと思った。机のガラスが割られ、蛍光灯が壊された」「ろっ骨が折られた。告訴するようりん議したが許されなかった。告訴を準備したことは三回ある」「悔しかった」「毎日、氏神様に今日もいのちがありました。あさってのことはどうでもいい、明日も守ってと祈っていた」（『京都民報』八三年四月二四日付）

川村が証言するとおり、「これが役所か」と呆然とさせられる実態である。別項（一八八頁）で振り返ったとおり、七〇年代半ば以降、同和行政は全国的に変質していった。同和対策特別措置法（同特法）が期限切れを迎える七九年三月が近づくにつれ、その傾向は強まっていく。「同和」とは無関係な暴力団、エセ同和団体が「同和利権」にありつこうと、群がるようになってくるのもこの時期からだ。八〇年代に入ると、そんな同和行政に関わる不祥事が各地で噴出しはじめる。

冒頭で紹介した京都市元課長の証言が行なわれた市議会百条委員会もまた、八三年に発覚した公金詐取事件を市議会が究明するために設置されたものだった。

市職員による三億円奪取

公金詐取の舞台となるのは、京都市住宅局改良事業室と市内の同和地区である。当時の市の改良事業室は、同和地区のいわゆる不良住宅を除去して改良住宅（市営住宅）を建設するなど、地区内の環境改善事業を業務内容としていた。

八三年一月二〇日、公金七三〇〇万円を詐取した疑いで、市改良事業室元室長・島野進と同室元課長・川村浩一、不動産業者ら五人が、京都府警に逮捕された。

島野は改良事業室長在任中の七九年三月、同和対策事業として計画していた体育館建設の予定用地として、京都市左京区田中玄京町四四の土地（約七四八平方メートル）・建物を買収する名目で、川村課長らと公文書を偽造し、京都市土地開発公社に約二億七〇〇〇万円支出させる決定をさせ、内金として支払われた七三〇〇万円を騙し取ったとされる。

二億七〇〇〇万円の内訳は、土地代金一億二四〇〇万円、地上物件（工場、居宅など）移転補償費一億四六〇〇万円となっている。だが、島野室長らは、実際には土地所有者（大蔵省）や建物所有者と売買契約はもちろん、買収交渉も行なっていなかった。また、同地の建物に、実際にある工場、居宅に加えて、架空のリース会社も営業していることにし、移転補償費を大幅に水増ししていたのである。

調べが進むにしたがって、島野室長、川村課長らによる公金詐取の事実が次々と浮かび上がっていった。

【土地ころがし1】川村が娘婿の名義で九〇〇万円で購入した左京区の土地を、その二週間後、体育館建設予定地として土地開発公社に一四〇〇万円で買収させた。

【架空の借家人】土地開発公社が伏見区内の同和保育所の拡張用地を買収する際、同地にあった無人の共同住宅に住民八人が住んでいることにして、立ち退き料一二〇〇万円を支出させた。

【診療所廃止でっち上げ】左京区の同和保育所拡張のため、同計画地の市有地を借用して営業していた田中診療所に対して、移転先として土地開発公社が買収予定の近接地内の土地購入を斡旋。その際、島野らは、診療所は移転ではなく「廃止」するかのように偽装、営業廃止補償、離職者補償などの名目で補償金約一億一〇〇万円を公社から支出させ、近接地用地買収費の不足分に流用した。そして流用後の残金二六〇〇万円、診療所から土地購入費用として受け取った二〇〇〇万円、計四六〇〇万円を詐取した。

【土地ころがし2】島野らは南区東九条の土地（約四八〇〇平方メートル）を、下京区内の同和地区の改良事業用地として土地代七億四〇〇〇万円、営業損失補償金六三〇〇万円――計約八億円で、土地開発公社に買収させたが、この土地は同じ日の午前中に、島野らとの連携のもと、不動産会社が六億二〇〇〇万円で買い取った土地だった。一日で約一億八〇〇〇万円の「利得」。しかも、営業損失補償金（駐車場として使用されていたとされる）として計上された六三〇〇万円は島野らのでっち上げ、この土地は更地だった。

このほかにも、伏見区内の解放同盟改進支部事務所を買収した際、公社が同盟市協議長夫人宛に支払ったことになっている立ち退き料のうち、八〇〇万円余りは架空のものだったことも判明。事件は同盟幹部も巻き込む様相を見せたが、これに同盟は猛抗議。京都市は、この件に同盟は無関係と発表し、市協議長夫人と解放同盟に詫び状を差し入れて事を収めた。

「オレが法律だ。よけいな心配はいらん」

まさに、やりたい放題と言っていい。いくら全国的に同和行政の腐敗の度が極まっていた時期のこととはいえ、なぜこんなデタラメがまかり通ったのか。事件発覚後の八三年四月、今川正彦市長の請求で行なわれた特別監査結果を見ると、当時の京都市が、不正買収、公金詐取が仕組まれることを前提としているかのような執行体制を採っていたことが窺える。

特別監査は、島野、川村らによる詐取が行なわれた七八～七九年度の改良事業室が扱った土地買収事業のうち、一〇〇〇万円以上の支出分四三四件を対象としている。

その中には、信じがたいことに、買収費用の支出決定を受ける際、土地・建物の登記簿謄本が添付されていないケースが三七件ある。契約者と登記簿上の名前とが一致しないケースも一二件。立ち退き補償の際、居住を証明する住民票やそれに代わる証明書がない、住民票記載の人数と立ち退き補償の対象となった人数が食い違うなど、明らかに不自然なケースも三七件確認されている。営業補償をしながらその根拠を示す公的書類が添付されていないケースも、全体の三分の一を占めていた。

これでは、決裁件数が多すぎて、支出決定のときに不正をチェックすることが時間的にできなかったという言い訳は通用しない。不正、疑惑がもたれる案件であっても、そんなことにおかまいなく京都市と公社は公金を垂れ流し続けていたというべきだろう。

その典型は、前述した田中診療所の「廃止」工作である。田中診療所といえば、戦前の無産診療所の流れをくみ、地区内だけでなく地元京都市内では知られた存在である。この診療所が「廃止」されるから補償金を出せと依頼されて、決裁者が不審を抱かないはずがない。特別監査結果も次のように指摘する。

「田中診療所の移転問題は、本市同和行政上重要な課題であっただけに、田中診療所は営業を廃止するのではなく、単に移転するだけであることは、当時決裁に関与する本市幹部が知らないはずはなく、もし注意深く添付書類に目を通せば、容易に架空補償であることを見抜けたはずである」

まったくそのとおりだ。では、診療所「廃止」補償一億一〇〇〇万円の支出の最終決定者は誰だったのか。ほかならぬ、当時助役を務めていた今川市長である。今川は虚偽を承知のうえだったのか、単にぼんやりと判子を押してしまっただけなのか。

島野は警察の調べで、田中診療所移転を利用した公金詐取工作に尻込みする室職員に対して、こう厳命したと供述している。「この件で二五〇〇万円浮かせろ」「浮かせた金は、家賃対策に使う」「これは命令や。やれといったらやれ。オレが法律だ。よけいな心配はいらん。すでに決まっていることだ」（『京都新聞』八三年二月一〇日付）

供述にある「家賃対策」とは何を指すかについては後述する。どちらにしても、不正を容認する体制が、市最上層部にまで及んでいたことは確かだ。それゆえ、島野らは、こんな大胆な手口を実行できたのである。

運動団体に渡った裏金

ところで、島野らは、なぜこれほど巨額の公金を騙し取る必要があったのか、不正につかんだ金をいったい何に使ったのか。

特別監査や市議会百条委員会の調査に対して、島野は証言そのものを拒否、川村は「改良事業を進めるためのプール資金（裏金）に使った」ことは述べるものの、事件の核心にふれる部分については証言を拒否した。

一方、市民の批判に押されて、市長自ら特別監査を命じるなど、いったんは真相解明に手をつけはじめたかに見えた京都市だったが、前述のとおり、解放同盟改進支部事務所買収疑惑判明で解放同盟にねじ込まれた八三年三月以降、明らかにトーンダウンする。百条委員会の調査にも、委員会から事前に証人申請されていた職員を、わざわざ当日に出張させるなど、事実上妨害行為に及んでいる。

当の百条委員会も、「調査報告書」に、「このたびの不祥事が本市の同和行政にかかわって生起した重大な調査事項にかんがみ、いたずらに事を暴くというより今後の市の同和行政の公正、的確な推進を期し、このことによって毫《ごう》も同和行政が後退しないことに力点を置いて調査してきた」とあるように、徹底糾明を主張していた共産党委員を除けば、もとより腰が引けていた。

真相はどうだったのか。島野、川村は、詐取した公金のうち一億五〇〇〇万円分に関して起訴され、また京都市土地開発公社からも損害賠償を求める訴訟を起こされている。その訴訟の中で川村は、公金詐取の動機、背景について語っている。

〈(当時) 同和団体等により買収価格引き上げの強い要求が起こり、それは改良事業室が要求に応じない場合は、実力をもって通すという厳しいものであり、これに対し、改良事業室は暴力に対し毅然とした方針をとらず、被買収者の言いなりの金額で用地買収を進め、基準額を上回る部分については架空費目を設定して補償するという方法が慣例化していた。

また、昭和五一年五、六月頃、改良住宅の家賃値上げ問題が起き、問題解決のため、右値上げ分あるいは値上げ反対運動を打ち出していた運動団体に対する運動資金用の裏金作りが、改良事業室の至上命題となった〉（土地開発公社が起こした損害賠償訴訟一審判決より）

不正に握った金が、住民の言いなりになってつり上げられた買収費に充当されていたこともさることながら、運動団体に流れていたとは……。島野が、逮捕直後の警察の取調べで述べた「家賃対策」とは、このことだった。

解同幹部のマイホーム購入資金に二四〇〇万円が

一方の島野は、公判中の八七年二月に病死したため、公訴棄却となっている。だが彼は、八五年八月、京都市を相手取って驚くべき裁判を起こしている。自分が改良事業室在職中に立て替えていた運動団体に対する裏金九五〇〇万円の返還を求めたのである。

島野は訴えのなかで、京都市では同和対策上の裏金を、改良事業に伴う買収価格を水増しするなどして、主に改良事業室が捻出するという慣例になっていたが、七七年二月から八〇年四月までの間に、裏金九五〇〇万円分を自分が立て替えていたというのだ。そのなかには、家賃値上げ反対運動を押さえ込むために、解放同盟、全解連幹部に渡した金も含まれており、とくに解放同盟京都府連副委員長のマイホーム購入資金二四〇〇万円を全額援助したと述べている。

島野は、このことについて、八三年逮捕時の取調べのなかでも供述していた。「家賃値上げ反対同盟連合会」（同盟反主流派が七八年結成。初代代表・朝田善之助）機関紙『反対同盟ニュース』一三七号は、裁判所より取り寄せた島野の検察調書を掲載している。その一部を引用しよう。

〈昭和五二年の四月頃、同盟の副委員長に四〇〇万円、全解連の市協議長に四〇〇万円、更にその一〇月頃、副委員長に四〇〇万円、昭和五三年一月頃副委員長に四〇〇万円を改良住宅の家賃値上げ問題の工作資金として渡しております。……副委員長は以前養正《ようせい》地区（引用者注：左京区内の同和地区）に住んでおられたのですが、補償金を貰って地区外の山科に住んでおられました。

ところが、住む処が地区と離れたため運動に不便だから、……それで副委員長は養正地区の近くに家を買って住みたいと云われていたのです。

同盟の市協議長が、副委員長の住む家を買う資金援助をしてやってくれないか、そうすれば家賃値上げ問題にも副委員長が協力的になるだろうと云われますので、二回

に分けて合計八〇〇万円を副委員長に渡したのです〉

解放同盟副委員長のマイホーム購入資金は計二四〇〇万円で、その半額を市が裏金で援助することになっていたが、結局全額裏金でまかなうことを強要されたようだ。当時の解放同盟市協議長は、検察調書でそう述べている（『反対同盟ニュース』一三九号より）。

〈昭和五四年八月頃副委員長から購入した支部事務所兼住宅（引用者注：事実上個人の居宅）の残金四百万円を出してほしいと話があったことを島野室長から聞きました。購入費の半額という約束だったのに結果的には全額出させてしまうことになってしまうのですが、私としては島野室長には頼むという以外には言いようがありませんでした〉

島野らの公金詐取事件に対し、当時、解放同盟も全解連も京都市を厳しく批判していた。その一方で、組織の一部幹部とはいえ、詐取した本人から裏金を受け取っていたことになる。不正の日常化、運動の裏切り……。かつて、常に全国の目標とされていた京都市の同和行政と解放運動のなれの果てがこれだった。

「同和」に群がる暴力団

島野らによる公金詐取事件が発覚する約一年前（八一年一二月～八二年一月）、京都市住宅局改良事業室では、下京区の同和地区・崇仁《すうじん》地区の用地買収を担当する職員・富山強がデスクに領収証を広げて、遅くまで残業する姿が見られた。ある日、同僚の一人が声をかけると、「辰のところへ金を払わんならん（払わないといけない）。辰がサラリーローンの仕事をやっていたことにして、営損（営業損失補償の計算）をやっているんや。それで領収書がいるんや。たくさんいるので、家にもって帰って家内にも書かせたんや」と答えたという。富山が言う「辰」とは同地区に住む暴力団組長のことである。

すでに島野は八〇年四月、改良事業室長から右京区長に転出していたが、室ぐるみの裏金作りは依然日常化していた。この時期の裏金作りの実態は八六年四月、第二次公金詐取事件として発覚するが、第一次と違い、主役をつとめたのは暴力団だった。京都府警は八六年四月一六日、改良事業室元課長・岡村光夫、同元主査・富山強、暴力団会津小鉄会系中村組組長・中村辰蔵ら六人を逮捕した。京都市土地開発公社が崇仁地区で用地買収した際、岡村、富山らが中村らと共謀して、移転補償金を騙し取っていた容疑である。

中村が、下京区上之町に所有する自分の土地建物を京都市に売りたいと言ってきたのは、八一年春ごろだった。

この物件は暴力団組事務所として使われており、その直前、改築もされていて、買収の対象となる「不良住宅」ではなかった。土地ころがしの可能性もあるので、改良事業室としては買収には応じないことを決めた。だが、中村にその旨を伝えにいった改良事業室主査・富山は、断わり切れず、逆に一億三〇〇〇万円で買収することを約束してしまう。市の基準では、どう大目に積算しても四〇〇〇万円までしか支出できない物件だった。

富山の上司であった岡村が、なぜそんな約束をしたのかと富山に問いつめると、京都市が七四年に同地区内の暴力団会津小鉄会の賭場を二億二五〇〇万円という法外な値段で買収した事例（市の基準では一〇〇〇万円程度）を持ち出され、応じざるをえなかったという。

岡村自身も中村の「代理人」と名乗る男に、「言うこと聞かんと中村にバッサリやられるぞ」などと脅されるようになっていた。

以後、中村の要求する額との差額九〇〇〇万円を捻出するために、改良事業室は次から次へと書類の偽装工作を行ない、土地開発公社から公金を騙し取らざるをえない状況に追いつめられていったのである。

八二年二月、中村の物件に住民三人が居住していることにして、架空の立ち退き料五七七万円を騙取。同年四月、中村が金融業を営んでいたことにして、移転に伴う架空の営業損失補償一〇六二万円を騙取。同年五月、地区内の別物件Aを買収する際、そこにやはり架空の会社が存在していたことにしてその移転補償金として二一三三万円を騙取。同年一二月、地区内の別の物件Bを買収する名目で、本来の所用者に支払うように見せかけて土地代二五二〇万円、移転補償金九五六万円を騙取。同時に、この物件に架空の焼き肉屋をでっち上げ、その営業損失補償金九九六万円を騙取——合計約八二〇〇万円。

いっぽう、中村が組事務所を買い取れと持ちかけてきた時期、改良事業室では別の暴力団組長からも脅しをかけられていた。同じ崇仁地区の会津小鉄会系の有力組織である小若会(図越利次会長)である。

「三代目に会ってほしい。自分の一存ではどうもいかん(どうにもならない)」

八一年春ごろ、改良事業用地として公社の買収予定になっていた下京区川端町の土地建物所有者を、改良事業室主査・富山が訪ねた際、所用者から唐突にそう告げられた。この物件は八〇年夏ごろ、約一六〇〇万円で買収することでほぼ合意に達していた。

「三代目」とは会津小鉄会総裁・図越利一のことだ。富山が図越方に出向くと、図越と、その次男で小若会会長・図越利次が応対に出た。図越親子は、富山にこう言った。

「うちにはうちの相場がある。前溝の件を承知やろ。無理なら話のわかる人に来てもらってもよい。一六〇〇万では話にならん」

「前溝の件」とは、前述の七四年に会津小鉄会の賭場を市が法外な価格で買収したことを指す。「交渉」の末、富山は五三〇〇万円で買収することを約束してしまう。差額三七〇〇万円を埋めるため、改良事業室はやはり室ぐるみの公金詐取を迫られていく。

手口はおなじみのとおりだ。架空の麻雀店、架空の中華そば屋などを作り出し、その営業損失補償として金を引き出すのである。この件では、約束した期日までに市が金を用意できず、支払いが数日遅れたことに図越側が「どういうことや。わしらの世界では指の一本も落としてもらわないかんとこや」などと因縁をつけ、「利息」五〇〇万円を新たに負担させせられてしまった。

この時期、島野室長時代と同様、運動団体対策費としての裏金づくりも依然として行なわれている。当時の亀井久・改良事業室長は、八一年から八二年にかけて、少なくとも七〇〇万円の裏金づくりを部下に命じている。

裏金を作れるのが優秀な職員

第二次公金詐取事件の公判記録を読むと、不正が日常化していたことを示す数々のスラングが目に付く。

【絵をかく】書類を操作することで補償金をどれだけ水増しして支出できるか算定すること。

【先食い】法外な買収金を払うために、無関係なほかの未買収の物件を買収したかのように偽装して、金を捻出すること。

【二度食い】法外な買収金を払うために、過去に買収した物件を偽装してもう一度買収すること。「三度食い」という用語もある。


ある職員は、室長から五〇〇〇万円の裏金づくりを命じられたときのことを、裁判所でこう証言している。


【弁護士】五〇〇〇万はどういうお金なんですかと聞こうとはしなかったんですか。

【職員】いや、思いませんでした。

【弁護士】なぜ聞こうとしなかったの。

【職員】理解していただけるかどうかわからないんですけれども、兵隊（一係員）に直接そういうことを頼まれたということで非常にうれしかったというんですか、信頼があるんだなあということで、考えておきますという返事をしました。

この職員は、裏金を作れる職員が優秀な職員という評価が室内にあったとも証言している。

同和行政は、運動団体や暴力団によって食い物にされていただけでなく、行政組織内においても不正行為がマニュアル化されていた。

被告となった改良事業室元主幹は、改良事業室赴任時の初任者研修で、講師から用地買収が完了しても「被買収者には絶対に契約書を渡すな」「渡したらえらいことになるで」と奇妙な注意を繰り返し受けたと裁判所で供述している。その理由を質問しても講師は言葉を濁すだけだったが、新任職員たちはすぐにその事情を納得することになる。

「補償するうえで、絵をかくわけです。京都市に保存されている決定書なり契約書の金額と、相手さんへ支払った金額が違うということがあるわけです。そういったことを隠匿していかんならんということが、契約書を相手方に渡さないということにつながったと考えています」

京都市ではこの事件以降、このような露骨なかたちでの裏金作りはなりを潜めていく。しかし、この後も、カラ接待、カラ出張などで運動団体対策費を捻出していた実態が明らかにされた。

現在も「同和補助金」の名目で解放同盟に裏金が渡り続けている疑惑が指摘され、

住民訴訟が起こっている。裏金づくりの系譜はいまだ続く。
京都市は不祥事から何も学ぼうとしていない。

【運動の論理に支配された同和地区】

解放同盟「ピンハネ」の研究

グループ・K21

「矢田問題」（二二七頁参照）があってからというもの、大阪では、部落解放同盟の暴力と脅迫に屈服してきた行政が、「ゆりかごから墓場まで」と言われる同和地区住民優遇の施策をとってきたため、一般住民との間にサービスの格差が生まれ「逆差別」を生み出してきた。実は同和地区住民の間でも同じような現象が起こっている。解放同盟に加入せず、「解同」が進める運動に参加しない地区住民に対しては、同和事業の個人給付の申請さえ受け付けないという「新差別」を生み出してきたのだ。

同盟員ニアラズンバ同和地区住民ニアラズ

一九七〇年、部落解放同盟が本部をかまえる大阪市浪速区で、東八郎・延・美鈴・暁代の四兄弟が、解放同盟浪速支部から、同盟員としての権利停止や除名処分を受けた。前年の矢田問題で、木下教諭の挨拶状を「差別文書」と認めなかったことが理由だった。

その後、兄弟の一人が、大阪市が同和地区住民に支給している妊産婦対策費の交付を申請したところ、市は、申請書類に解放同盟の幹部が役員を独占する社団法人・大阪市同和事業促進協議会（市同促）の推薦がないことを理由に、突き返したのである。

これを機に、ほかの東兄弟に対しても、子どもの特別修学費や保育助成費の支給が拒否されたり、同和保育所への入所が断わられたりした。

このため七二年、藤原善雄・暁代夫妻が、大阪市を相手どって、妊産婦対策費の支給を求めて大阪地裁に提訴。他の三兄弟も相次いで訴えを起こした。これに対して解放同盟は、露骨な嫌がらせに出た。小学生を集めて東宅を取り囲ませたり、七六年五月には、大人数百人が東宅を四五時間にわたって包囲、家族を監禁するなど、乱暴の限りを尽くした。

東兄弟たちの訴訟は、「同和事業はすべて部落解放同盟に委託すべし」という、大阪市の「窓口一本化」政策の違法性を訴えるものだった。

「浪速『窓口一本化』違法確認訴訟」と呼ばれる。

訴訟の結果は、どうだったか。

七八年五月の大阪地裁判決では、原告の請求権を退けたが、翌七九年七月の大阪高裁の判決は原判決を破棄、「窓口一本化」は違法と判断した。大阪市はこれを不服として上告したものの、八〇年一二月に和解が成立。八一年六月、一二年間にわたり差別的に扱われていた東兄弟をはじめ、同様の境遇に置かれていた大阪市内の西成、日之出、飛鳥、加島の住民一四人に、特別就学奨励費、保育服装費、妊産婦対策費などが支給されることになった。

同和地区を支配する道具

しかし、解放同盟幹部が役員を独占する府同促（財団法人・大阪府同和促進協議会）や市同促、その傘下の地区協議会に同和対策事業を委託する窓口一本化行政は、その後も続き、解放同盟の資金源とも、住民支配の道具ともなってきた。

たとえば個人給付事業について見ると、過去、こんなことが判明している。

解放同盟加島支部（大阪市淀川区）が七七年に発行した領収書によれば、新しく同和保育所に入所する児童に支給される保育服装費一万一〇〇〇円のうち、五％＝五五〇円を解放同盟支部へのカンパ、一〇％＝一万一〇〇〇円を「加島支部保育を守る会」へのカンパとしてピンハネしている。

また、七八年の領収書によれば、同和住宅入居者に支払われる家賃補助（床面積五八～六〇平方メートルで三三〇〇円）についても、支部カンパとして五〇〇〇円、住宅入居者組合カンパとして三〇〇〇円が天引きされたうえ、渡されている。

解放同盟沢良宜支部（大阪府茨木市）の八四年度決算資料を見ると、一般会計の収入六二四万円のうち、六割に近い三五九万円が特別会計からの繰り入れで賄われていた。その特別会計には、大企連還元金、税対策（固定資産税・確定申告減免）、奨学金、入学支度金、就職支度金、結婚祝い金、妊産婦金、技能取得金、国民健康保険減免、老人対策、駐車場……と、ありとあらゆる個人給付に義務づけられたカンパが繰り込まれ、その額は二二六万円にも上っていた。前年度からの繰越額は、一九八四万円にもなっている。

また、税金の減免でも、ピンハネが行なわれていた。

大阪府市長会の「八二年度固定資産税同和対策要綱」によると、「財団法人大阪府同和事業促進協議会（府同促）、社団法人大阪市同和事業促進協議会（市同促）を通じて申請のあったものについて、固定資産税（都市計画税を含む）の減免を行う」とし、府同促も総会議案書で、個人給付事業の推薦基準の一つとして、「要求者組合に入会するもの」と決めていた。

実際、大阪府松原市で、国民健康保険減免組合や固定資産税減免組合が発行した八七年度の税金減免説明会資料によると、「昨年度減免額の一割」を会費として持参するよう、金額まで入れて指示。同和地区住民が、要求者組合を通さず、独自に市に減免申請した場合、「解放同盟」松原支部書記長、組織部長名で、「解放同盟員として、組織上、規律上、大きな問題」として「解放センター」に呼び出し、圧力をかけていた。

解放同盟は、個人給付事業を資金源にしただけではない。先にもふれた茨木市・沢良宜同支部の規約によると、「支部から脱退する場合、部落解放運動の中で得た全ての条件はこれを返却するものとする」とあり、注記として「部落解放運動の中で得た条件とは、同和住宅入居者は住宅を明渡さなければならないし、運動の中の資金融資はこれを返済しなければならない」とある。

これは、裏を返せば、同和地区住民が一度、個人給付事業を利用すれば、永久に解放同盟から脱退するわけにはいかない仕組みとなっており、窓口一本化が、同和地区住民を支配する道具以外の何ものでもないことを示している。

温存されたままの「逆差別」

では、部落解放同盟は、利権漁《あさ》りの最大の道具にしてきた「窓口一本化」にどれだけしがみついてきたのか。

解放同盟の暴力と恫喝に屈して「窓口一本化」を敷き、その果てに、かつては予算

事業名	同和	一般
専修学校専門課程 入学支度金 対象者 返還	公立 60,000円 私立 180,000円 全員 給付で返還なし	公立 0 私立 180,000円 募集枠 120人 貸付で返還義務
専修学校専門課程奨学金 金額 対象者 返還	公立 132,000円 私立 240,000円 全員 給付で返還なし	公立 132,000円 私立 240,000円 募集枠 180人 (新規) 貸付で返還義務
結婚祝金	75,000円	0
分娩給付金	社保 117,000円 国保 217,000円	0 0
医療費自己負担補助	自己負担の2分の1補助	0
ねたきり老人見舞金	年 20,000円	年1 0,000円 厳しい基準有り
重度障害者給付金	年 20,000円	年 10,000円
生活保護家庭年末一時金	7,800円 (2人家族)	5,500円 (2人家族)
同和更生資金	別枠で50,000円 300,000円貸与	なし
職場訓練手当	日額 4,780円 45歳未満も含め全員に	日額 4,780円 45歳以上か障害者
職業転換準備金	100,000円	0
職業訓練入校支度金	30,000円	0
職業訓練奨励金	月 40,000円	0
自動車運転免許取得補助	175,900円	0
保母養成所入学支度金	70,000円	0
保母養成所奨学金	月 20,000円	0
医師修学資金貸付	月 60,000円	0
医師修学資金入学金貸付	675万円	0
看護婦入学支度金	70,000円	0
看護婦技能修得補助	月 25,000円	0

◆同和個人給付と一般施策の例（1988年）

事業名	同和	一般
保育用具整備費	被服、カバンなど貸与 4,500円	0
小学生就学奨励金	全員に 7,000円	0
中学生就学奨励金	全員に 9,000円	0
高校入学支度金		〈府育英会の奨学金〉
金額	公立 42,500円 私立 195,000円	公立 0 私立 140,000円
対象者	全員	募集枠 900人
返還	給付で返還なし	貸付で返還義務
高校奨学金 金額	公立 180,000円 私立 432,000円	公立 96,000円 私立 240,000円
対象者	年収665万円以下全員	年収424万円、募集枠有り
返還	ほとんどが返還免除	貸付で返還義務
専修学校入学支度金 金額	公立 33,000円 私立 140,000円	公立 0 私立 140,000円
対象者	全員	募集枠 120人
返還	給付で返還なし	貸付で返還義務
専修学校奨学金 金額	公立 96,000円 私立 240,000円	公立 84,000円 私立 240,000円
対象者	全員	募集枠 65人（新規）
返還	給付で返還なし	貸付で返還義務
大学入学支度金 金額	公立 180,000円 私立 490,000円	公立 0 私立 180,000円
対象者	全員	募集枠 500人
返還	給付で返還なし	貸付で返還義務
大学奨学金 金額	公立 396,000円 私立 696,000円	公立 132,000円 私立 240,000円
対象者	年収743万円以下全員	募集枠 1,210人（新規）
返還	大半が返還免除	貸付で返還義務

の総支出の二六％余りを「同和対策」に使っていた大阪府羽曳野市の例で見てみたい。

同市では、乱脈同和行政の暴走ぶりに市民が反発し、七三年四月、公正・民主の同和行政を掲げた共産党員の津田一朗市長が誕生。

津田市長がさっそく、同和行政の窓口一本化廃止を宣言し、同和住宅の公正入居を進めようとしたところ、部落解放同盟は、府下各地から多数の同盟員を動員。延べ二二時間におよぶ市長監禁も含め、一二二日間にわたって市庁舎を占拠・包囲するなど、乱暴の限りを尽くした。また、津田市長や幹部職員宅前に、血のついた牛の頭蓋骨が置かれるなど、マフィアなみの嫌がらせも行なわれている。

ところで、結婚祝い金から自動車の免許取得費用まで、多いときで二九事業（大阪府）もあった同和地区住民優遇の個人給付事業だが、「逆差別」だという世論を背景にした国は、八一年二月、「地域改善対策の実施及び適正化について」と題する通達で、「同和関係の自立、向上に真に役立つものに限定して行う」べきで、「一部関係行政機関以外で審査していると考えられるところもみられる」と指摘し、「適正かつ公正な運用の徹底」を指示している。

また、八六年一二月、国の地域改善対策協議会が、「意見具申」で「個人給付的施策の安易な適用や、同和関係者を過度に優遇するような施策の実施は、むしろ同和関係者の自立、向上を阻害する面を持っているとともに、国民に不公平感を招来している」と、見直しを要求したところ、順次、廃止または一般施策に移行していったが、大阪府に限ってみると、高校・大学入学支度金などの一〇事業が二〇〇一年度も実施され、一般住民との間に横たわる「逆差別」は温存された。

【解放同盟の人権ビジネス】

あらかじめ裏切られた〈部落地名総鑑事件〉

グループ・K21

部落解放同盟は、数々の〝差別事件〟を糾弾闘争の標的にしてきたが、そのなかでも大きな位置を占めているのが、「部落地名総鑑事件」である。

部落解放研究所が発行している人権ブックレットの一つ、『部落地名総鑑事件――その教訓と課題――』（友永健三・社団法人部落解放研究所事務局長著、一九八九年七月刊）によると、発覚の発端はこうだった。

七五年一一月一八日、大阪市浪速区にある部落解放センターに、「自分の勤務する会社に『部落地名総鑑』を購入しないかというダイレクトメールが送られてきている が、このようなことは許しがたいことだと思うので問題として取り上げてほしい」といった匿名の投書があり、『人事極秘・部落地名総鑑』の購入を呼びかけるチラシが同封されていた。

部落解放同盟大阪府連は、この投書を受けてさっそく調査を始め、問題の『部落地名総鑑』を入手すると、一二月八日に記者会見を開いた。会見の席上、当時の上田卓三府連委員長は、「この事件は部落解放運動史上最も悪質な差別事件であり、満身の怒りを込めて糾弾していく」との見解を発表し、国内外のマスコミがこの事件を大々的に取り上げることになった。

解放同盟の調査では、この種の発行物は九種類あり、その大半は全国に散在する五三〇〇を超す被差別部落の名称と住所、さらに戸数や住民の主な職業を都道府県別に編集したものだった。部落解放同盟は、『部落地名総鑑』購入企業五三社に対して、七六年から差別糾弾闘争を展開する。そして、それを契機にまず大阪で、購入企業を集めた「同和問題企業連絡会」（同企連、七八年二月）が結成され、やがて各府県に同企連が拡大していくと、解放同盟による対企業の同和研修が恒常的に行なわれるようになった。以来、『部落地名総鑑』は、企業による身分差別・就職差別の代名詞となり、今日に至っている。

同時期にできた政治結社の秘密

ところで、部落解放同盟が「地名総鑑事件」を大々的に取り上げ、企業を糾弾している最中に、一つの政治団体が結成され、政治結社として登録された。その政治団体とは、「部落解放同盟政治研究会」（七九年一一月）。事務所は東京・新橋のビル内にあった。代表者は松本英一参院議員（当時）で、会計責任者には、当時の部落解放同盟委員長・上杉佐一郎氏が就任している。

同団体の七九年度の収支報告によると、さまざまな企業が政治献金を行なっている。

三菱製紙販売▽八〇万円、丸の内ホテル▽五〇万円、東海カーボン▽三〇万円、三菱地所▽三〇〇万円、三菱化成工業▽一〇〇万円、キリンビール▽一〇〇万円、K・Kカネボー▽五〇万円、BMプラント▽一〇〇万円、BM企画▽一〇〇万円、日豊工業▽一〇〇万円、K・K新忠▽一〇〇万円……となっており、そのほとんどが「地名総鑑」を購入した企業だった。

翌八〇年度の収支報告では、富士銀行▽五〇万円、佐藤工業▽三〇万円、日新製糖▽三〇万円、間組▽三〇万円、関東電気工業▽三〇万円、東京ガス▽三〇万円、丸紅▽三〇万円、蛇の目ミシン▽三〇万円、東京電力▽三〇万円、三菱鉱業セメント▽一〇万円、東海カーボン▽一〇万円、リッカーミシン▽一〇万円、エーザイ▽一〇万円、信越化学工業▽五〇万円、三菱建設▽一〇万円……と、同じようなかたちで企業から資金提供を受けていた。ちなみに、「部落解放同盟政治研究会」は、松本氏の参院選挙出馬に向けて結成された団体だったと言われている。

「差別糾弾」を標榜《ひょうぼう》しながら、ウラでは『部落地名総鑑』を購入した企業からカネを取る――。この構図はまさに、部落解放同盟による人権ビジネスそのものであった。

保養施設建設と消えた数十億円

その後、「部落解放同盟政治研究会」の代表者には成塚平八氏が、会計責任者には成塚靖治氏なる人物が就任し、ほどなく解散する。そして、同じビル内に新しくできたのが「株式会社サンライフ鹿野山」という保養・研修施設経営企業だった。

この会社の代表取締役には、解散した「部落解放同盟政治研究会」の会計責任者だった、前述の成塚靖治氏が就任。同代表だった成塚平八氏や、郷原仁司氏なる人物が取締役として名を連ねた。さらに設立時には、解放同盟の上杉委員長（当時）の実弟である上杉昌也氏も役員に就任していた。

同社が経営に乗り出した保養施設は、千葉県富津市・鹿野山の「サンライフクラブ鹿野山」。広大な敷地には三八三〇平方メートルの三階建ての建物が建ち、一四四人を収容できる宿泊室、一〇〇人収容の研修室があり、テニスコート、プール、子どもの広場もそろっていた。

ところが、この保養施設、実は「地名総鑑」購入企業から集めた資金で建設したもので、しかもその際、集めた巨額の資金の大半がドロンと消えたというのである。

当時、「部落解放同盟政治研究会」「サンライフ鹿野山」疑惑を取り上げた「全国部落解放運動連合会」（全解連）の機関紙『解放の道』（八四年一一月一五日）によると、発端はこうだった。

当時、一一三社が加盟していた前述の「同和問題企業連絡会」が、「解放中国でいかにして少数民族差別がなくなったか」を学ぶといった名目で、八〇年と八三年の二回、中国研修旅行を実施した。この研修旅行の参加者として、各企業の人事・同和担当者にまざり、先の成塚靖治氏や郷原氏の名前もあった。そして後日、企業を集めたあるパーティの席上、上杉委員長が、「成塚君は僕がもっとも信頼している秘書です。近く事業をやるので協力してほしい」と挨拶をしたという。

その事業が「サンライフ鹿野山」だったというわけだが、成塚氏や郷原氏は、各企業に協力要請と称して、カネ集めに回ったようだ。一口七〇〇万円で、目標は五〇〇口、計三五億円。これをほぼ集めきったといわれている。

ところが、「サンライフクラブ鹿野山」の建設費は三億円。土地は不良物件で、三菱地所が持ちかけたものだという説もあるが、前述の機関紙は、残額の使途が不明になっていると指摘している。

解放教育でも〝人権ビジネス〟

以上が当時の解放同盟委員長だった上杉佐一郎氏グループによる〝人権ビジネス〟疑惑だが、「サンライフ鹿野山」設立時の取締役でもある実弟の上杉昌也氏が、九〇年五月にオープンした福岡県のゴルフ場でもまた、「地名総鑑」購入企業が、ゴルフ倶楽部理事として名前を連ねた。

部落解放同盟幹部は、「地名総鑑」購入企業と、定期的にゴルフも楽しんでいたようである。

手元に、「第三回上田卓三前代議士と大阪同企連とのゴルフ懇親交流会」と題する案内状がある。日付は八九年二月三日で、世話人は、部落解放同盟府連執行委員だった浅野隆廣氏（当時）。案内状は「上田先生、同関係者並びに大阪同企連会員（全員）」に送られ、同年三月一〇日（金）、滋賀県内のゴルフ場で、会費六〇〇〇〇円でプレーを行ない、プレー後「上田先生を囲み懇親会」を行なう予定が組まれている。この案内状の連絡先は、三菱地所大阪支店総務課となっていた。三菱地所は、冒頭で触れた『人事極秘・部落地名総鑑』購入企業五三社の一つでもあった。

人権ビジネスと言えば、教育の現場でもそれは行なわれてきた。大阪府では、解放教育の一環として、副読本『にんげん』を毎年一億数千万円の予算を投じて買い上げ、府下の小・中学校に無償で配布しているが、同『にんげん』の発行人代表は、かつて上田卓三氏だった。隣の奈良県でも、同和副読本として県下の小・中・高校に『なかま』が配布されているが、この『なかま』をはじめ、同和問題に関わる印刷物のほとんどを請け負ってきた「池田出版印刷社」という会社がある。この印刷会社が設立したゴルフ場開発会社の設立時に、部落解放同盟奈良県連委員長で、当時、中央本部副委員長だった川口正志・奈良県会議員（旧社会党）が、役員として就任していたこともあった。

【阪南中央病院・新大阪タクシー・同和金融公社の実態】

解同コンツェルン、その乱脈経営の秘密！

グループ・K21

大阪府や大阪市は、別項（二八七頁）でふれた個人給付事業費とは別に、部落解放同盟が支配する団体に巨額の補助金を支出している。これがまた解放同盟の資金源になってきた。

まず、不公正な同和行政の根源「同促協方式」のおおもと、一民間団体にすぎない「財団法人大阪府同和事業促進協議会」に、大阪府は各種委託事業の補助金名目で、九六年度決算で二億八五〇〇万円、同和対策事業の見直しが言われだして以降の二〇〇一年度予算案でも、年間一億七〇〇〇万円を支出している。補助金のほぼ半分は人件費で占められ、行政が解放同盟を丸抱えしている現実が、そこから浮かび上がってくる。さらに大阪府は、市町村が実施する同和対策事業に対して人件費の八割を負担するなど、年間数十億円の補助金を支出してきた。

大阪市の場合、大阪市同和事業促進協議会（市同促）への委託料、補助金、助成金は、二〇〇一年度予算案で総額三五億一四七七万円にも上っている。このうち、市が市同促に委託した駐車場事業の収入を見ると、九九年度決算で五億七六六〇万円だったのに対して、市同促から大阪市に納入されたのは六三二〇万円と、十数％にすぎない。大半は、市同促、つまり解放同盟の資金源として吸い取られている構造になっているのである。

乱脈経営、私物化——阪南中央病院

大阪府はさらに、対策に関わる補助金として、一二団体に、年間総額七億三〇〇万円を支出している。

その一つ、阪南中央病院は、「同和地区の医療機関とし、地域住民の部落差別からの解放を医療の分野において推進」することを目的として、七二年、松原市に設立された。設立出資金三億円は、府と松原市が折半し、用地は、松原市が府の貸付金で購入した土地を病院に無償提供。運営費も、開設準備費一〇〇〇万円の補助、当初運転資金五〇〇〇万円の貸し付け、さらに、「経営努力でまかなうことの出来ない経費」は全額補助にするという、「確認書」が交わされるなど、いたれりつくせりの資金援助を受けて、開設された病院だった。

しかし、「おんぶにだっこ」の病院経営がうまくいくはずもなく、毎年赤字を計上。七六年以降、乱脈経営の埋め合わせとして、府は総額一五九億三四〇〇万円もの補助金を支出。それでも同病院は、八八億円の累積赤字を抱え、事実上倒産状態にある。

それだけではない。八八年には、阪南中央病院の看護婦寮が、なんと理事長の山口公男氏の所有する「山口ビル」にあることがわかり、同病院が敷金三五七八万七〇〇〇円、賃料月額二八八万円を山口氏側に支払っていることも発覚。そのうえ、同ビルの一階フロアは、「中企連・いのくら」（会長・上田卓三社会党衆議院議員、当時）、社会党の松原市議（解放同盟松原支部書記長）、同建協（大阪府同和建設協会）加盟業者などにタダ貸しされていた。また当時、旧社会党公認候補として参院大阪選挙区補欠選挙に出馬した谷畑孝氏（現・自民党衆議院議員）のポスターを病院内に貼り出すなど、選挙運動の拠点として使われていたこともある。谷畑氏は、「中企連」副会長にして解放同盟特別執行委員だった。

旧社会党、解放同盟による、準公的病院である阪南中央病院の私物化が横行していたのだった。

新大阪タクシー、同和金融公社

財団法人・大阪同和産業振興会が経営する「新大阪タクシー」（大阪市）は、「地区住民に安定した就労の機会を与える」ことを目的に設立されたが、部落解放同盟大阪府連の七〇年度の運動方針では、「タクシー事業」は「自主財源」とされ、実態は、部落解放同盟の資金稼ぎのトンネル団体である。新大阪タクシーは、大阪市や堺市などが、市の「同和対策事業」として、事業用地購入費、施設費、運転資金無利子貸し付けの名目で、一三億三〇〇〇万円という莫大な公費を投入して設立、拡張されたものだが、府・市などに一定台数を割り当て配車し、借り上げ料を徴収するなど、何から何まで行政丸抱えの会社になっている。

大阪府の場合、同社から、九九年度でタクシー六台を借り上げ、五〇九六万円も支払っている。一日当たり一台三万六七五〇円かかった計算になるが、利用実績は一日一台平均一・一三回、平均走行距離が一一キロという、一般のタクシー会社が知ったら激怒すること間違いなしの、デタラメな借り上げ方である。

また、六九年に設立された財団法人・同和金融公社は、大阪府と大阪市の出資で設立され、府、市、および府下市町村の無利子貸付金で運用されているが、同公社から融資を受けられるのは、同盟員か大企連会員に限られている。しかも、申し込み受付

◆大阪府の同和対策に関わる団体補助金

事業名	2001年 当初予算額
本部生協補助金	784万円
同和地区総合福祉センター運営補助等	1億9,535万5,000円
阪南中央病院運営補助金等	1億5,000万円
同和地区産業振興対策補助金	241万1,000円
小規模事業経営支援事業費補助金	1,812万4,000円
同和地区人材雇用センター補助金	2億3,739万4,000円
府高同研補助	207万6,000円
大阪府同和教育研究協議会補助金	694万7,000円
(社)部落解放・人権研究所補助金	4,773万6,000円
私立中学校高等学校連合会補助	2,698万4,000円
私立幼稚園連盟補助金	40万3,000円
専修学校各種学校連合会補助金	784万1,000円
大阪府同和事業促進協議会運営補助金	1億7,045万1,000円
計	8億7,356万2,000円

窓口は、解放同盟支部に指定され、その決定、貸し付けまですべてに解放同盟が関わっている。これまでに一〇〇億円を超す貸し付けを行なってきた府市町村には、なんの権限もないのだ。

こうしたことから、ノーチェックの杜撰《ずさん》な運営がはびこり、一〇億円近い焦げ付きを出している。しかも、府市町村から受けた資金のうち、四五億円を〝財テク〟(!?)に回していたことが、八六年九月、府議会で発覚。四五億円の内訳は、定期預金三二億八〇〇〇万円、金銭信託一二億二〇〇〇万円というもので、およそ、部落解放運動、差別解消を目的に設立された機関とは思えない実態が浮かび上がった。

ほかにも、大阪市では、一民間病院にすぎない芦原病院(大阪市浪速区)に年間一一億三〇〇〇万円を助成しつづけており、この二九年間の補助金・貸付金の総額は二五四億円に上るが、一円も返済されていない。

名前を挙げた団体は、すべて解放同盟幹部が役員を独占。巨額の補助金が懐に入る仕組みになっており、まるで解同コンツェルンともいえる様相を呈しているのだ。

第4章

「人権ビジネス」のゆくえ

マスコミ報道の〝タブー〟はなぜ犯罪的か？

【「差別された者の痛みを知る」が隠蔽したもの】

寺園敦史（ジャーナリスト）

同和行政と部落解放運動の取材を始めて九年ほどになる。主に、今日の同和行政が、いかに実際の同和地区、住民の実態にそぐわないものか、不必要な行政の施策がいかに住民の意識と暮らしを歪める原因になっているか、そして、差別をなくすというスローガンを掲げる裏で、運動団体がいかに不正・不合理な行為を繰り返しているか、という視点で、取材、調査を続けてきた。

部落問題の解決ということを考えたとき、少なくとも西日本の多くの自治体では、こうした視点は、現時点でも重要なものになっていると思う。しかし、この九年間、私と共通する問題意識をもって取材しているマスコミ記者と取材現場で出会うことは、きわめてまれだった。記者に出会わないだけでなく、ごく少数の例外を除いて、同和行政や解放運動のマイナス面について、独自取材で報道する紙面を見ることもほとんどなかった。別項で見てきたように、各地の自治体を根元からこれほど腐らせている実態に、なぜマスコミは手を付けないのか。

それでいて、おそらく「部落問題は今も日本の重要な社会問題」という見解を、マスコミは建前としてもっているはずだ。いったい彼らの部落問題認識とはどのようなものか、部落問題をどのように報道してきたのか、以下に見ていきたい。

公衆トイレの落書きで大騒ぎの〝愚〟

『新聞でみる部落問題』（解放出版社）という本がある。部落解放・人権研究所という部落解放同盟系の研究機関が毎年編集しているもので、その年一年間、新聞各紙に掲載された部落問題関連記事を取捨選択し、そのまま採録した本だ。研究所によると、『新聞でみる部落問題　二〇〇一年版』（二〇〇〇年に掲載された記事を収録）には二五四点の記事を収録している。それは収集した総記事の二七%にすぎないものの、「部落問題の解決に向かって積極的な姿勢を示すキャンペーン的な性格をもつ記事を優先的に選」んだとのことなので、この資料にあたれば、マスコミによる部落問題報道のおおよその傾向がわかるだろう。

記事の多くは、どこそこで集会があったというものだが、たまにまとまった文字数の記事があっても、差別はいまだ深刻だ、より陰湿化・潜在化している、という内容である。

たとえば、どんな差別事件が起こっているのかというと、ある商工団体のホームページに差出人不明の「差別メール」が届いた（『日本海新聞』七月一二日付）、中学生が給食時間中、友達にふざけて「封建時代の身分呼称」を使った（『佐賀新聞』八月一〇日付）、公衆トイレに「被差別部落民などをべっ視する落書きが多数書かれてい」た（『南日本新聞』一一月五日付）というものだ。

ところが、肝心のメールや発言、落書きの具体的内容が記事にはいっさい出てこないので、いったい何が問題なのか判然としない。どちらにしても、子どもの悪ふざけから出た一言やトイレの落書きが、なぜ新聞記事になるのか不思議でならない。三つ目のトイレの落書きの記事には、関係者（？）のコメントまで載せるほどの力の入れようである。

「これに屈することなく、今後の市民への人権啓発活動を進めていきたい」（鹿児島市同和対策室）、「差別問題への啓発活動の不十分さや、社会の潜在的な差別意識の根深さを感じる」（部落解放同盟鹿児島県連）。

たかが公衆トイレの落書きに、「屈することなく」だの「差別意識の根深さ」だのと、行政、運動団体、そして新聞社はいったい何を大騒ぎしているのか。はっきり言って馬鹿げている。トイレの落書きなど、同市市民が書いたとは限らないし、書いた目的もわからないではないか。

こんなものを根拠に、啓発活動を強められては市民はたまらない。マスコミには、ほかに伝えるべきことがあるはずだ。

自作自演された「差別事件」

過去、運動団体関係者によって引き起こされた「差別事件」もたびたび起こっている。

一九九四年一月、解放同盟高知市協事務所に奇妙な手紙が投函された。市内にある特別養護老人ホームに関する内容で、「朝鮮人を筆頭にエッタをつれて掃除をしているようであるがみるも汚らわしい」などと書かれてあった。手紙の宛名は、当時、同盟市協事務局に勤務していた在日朝鮮人で、この人物の妻は老人ホームに勤めていた。解放同盟では「差別事件」として、高知市に対する糾弾闘争を開始、同時に犯人探しも行なうが、しばらくして犯人が自首してくる。犯人は高知市の係長で、職場で部落問題サークルをつくるなどしていた、解放同盟と関わりの深い活動家だった。係長は「差別手紙」執筆の動機を、「（高知市に）人権条例をつくらせるためには、いろんな差別事例が必要だと思った。部落解放のためにやった」と語っている。係長は九四年三月、分限免職処分になった。

滋賀県野洲《やす》町立野洲中学校では、八八年一一月から翌年六月にかけて三七件もの「差別落書き」が発見されている。内容は、生徒の机や学級日誌などに「エタ　アホ死ね」などと書かれるといったもの。この事件を契機に同校では解放同盟の介入のもと、解放教育が推進されていくことになるが、実は犯人は同校の教員であることが、追及の先頭に立っていた解放同盟役員の口から語られた。「差別落書き」は解放教育を推進しようとする教師による「犯行」だった。

また、この同盟役員によると、犯人が教師だということは、校内では公然と言われていたという。学校で大量の「差別落書き」が発見され、それが解放同盟の知るところとなると、どういった事態を招くか、教員なら誰でも知っているはずだ。

古い話だが、自作自演の事件をめぐっては、こんな痛ましいケースもある。八三年八月、兵庫県篠山《ささやま》町で、解放同盟中央本部糾弾闘争本部長などの車に、スプレーで「ヨツコロセ」と書かれた「差別落書き」が見つかった。解放同盟は篠山町を糾弾する方針を固めたが、実は当地の同盟支部長自身の「犯行」であることが判明した。支部長が「支部の活動が盛り上がらないので、差別落書きを書いたらどうか」と話していたことが支部内で問題にされ、その後も支部長の「犯行」を裏づける証拠が出てきたのだ。しかし、進退窮まったところで、この支部長は自殺してしまった（拙著『だれも書かなかった「部落」』かもがわ出版、参照)。

報道しながら隠蔽する

『新聞で見る部落問題　二〇〇一年版』には、行政や運動の否定的側面にふれる記事は、一本も採録されていない。また、記事に出てくる運動団体といえば部落解放同盟だけで、解放同盟とは大きく異なる主張と活動を展開している全解連についての記事は皆無だ。この本に収録されていないだけで、実際にはそうした記事もあるのだが、その数が圧倒的に少ないことは間違いない。本書でも詳細に報告しているように、各地で不正・腐敗の源泉のような実態が存在するのに、なぜ新聞は書かないのか。

関西圏で取材する記者に聞いてみた。

「同和問題では紙面の扱いが小さいことは初めからわかっている。また、記事に何か不充分なことがあると、このテーマではすぐに交渉ごとになり、その対応に連日追われてしまう。そんなことを考えると、わずらわしい気持ちが先行して、つい遠ざけてしまう」(全国紙中堅記者)

「何とか記事にしたいと思っているが、デスクレベルの反応は冷ややかだ。否定的な記事など絶対だめだといったことも言われた」(全国紙若手記者)

また、あるテレビ局記者は、「問題意識をもつスタッフもいるが、社全体として言えることは、不正云々以前に、部落問題にほとんどが無関心だ」と言う。

同記者によると、最近こんなケースがあった。ある番組の中で、歌詞に部落の俗称が出てくるわらべうたを知らずに放送してしまった。それで、どこからか抗議を受けたわけではないが、局関係者は大慌てになって、すぐにその番組を再放送しないことを決めた。

「差別を助長するとか、そういうことを考えての措置ではないのです。そんな論議、社内ではいっさいありませんでした。ただ過去にクレームをつけられた言葉らしい。だからまずいぞ、と。その程度の判断です」

その番組のビデオを見せてもらった。問題視しているわらべうたはほんの一瞬流れるだけ、全体の構成からみて、どう間違っても差別番組とはいえない。これを差別だと言ってくる人がいるとしたら、その人の感性が歪んでいるとしかいいようのないものだった。

当然、個々の記者の思いはさまざまだろうが、トラブルを招きかねない報道だけは避けたいという判断が優先されるようでは、批判的な視点など出るはずもない。

一方では、部落解放運動のマイナス面を書くと、差別を助長する結果を招くという判断をしているケースもある。

日本の教育史上、未曾有の暴力事件、解放同盟が介在した八鹿《ようか》高校事件（一八八頁参照）の際、マスコミが黙認した理由がこれだった。『朝日新聞』は、戦後五〇年を迎えた九五年、戦後の自社の報道を振り返る連載記事を掲載したが、その中でこの八鹿高校事件報道も取り上げられている。当時の社会部記者は、教訓としてこう述べている。

「結果的に解放同盟のマイナスイメージを広げる恐れはあった。それでも事実は事実としてきちんと書くべきだった。……差別のない社会を目指すのは同じでも新聞と運動団体は立場が違う。報道によっていっとき世論の批判を浴びたとしても、長い目で見れば運動にもプラスとなったはずだ」（『朝日新聞』九五年七月一日付）

まったく同感である。だが、残念ながらその後の『朝日新聞』の部落問題報道に、この教訓が生かされているとは言いがたい。

私は、部落問題の取材から多くのことを学んできたつもりだ。そして、本当に部落問題を解決したいと思うからこそ、運動や行政の内部に巣くう腐敗に強い憤りを感じる。運動への賛辞や解放同盟の意を汲むかのような記事（中学生の「差別発言」やトイレの「差別落書き」などは、その典型だろう）は書いても、否定的なことはいっさい書かないという態度では、運動団体とのトラブルは回避できるかもしれないが、部落問題の解決には近づけないのではないか。私はそう感じている。

佐賀新聞社社長の「差別発言」

もちろん、マスコミの多くが部落解放同盟とのトラブルを避けたいと思うのには理由がある。猛烈な糾弾だ。前記『朝日新聞』記事にも、率直にこう述べられている。「朝日は記事の表現などをめぐって、それまで何度か解放同盟の糾弾を受けてきた。『差別を助長してはならない。抗議を受けることのないよう報道は慎重に』という意識が記者の間にあった」

解放同盟によるマスコミへの糾弾は、今日も続いている。九七年には、佐賀新聞社の社長自らが「差別発言」を行なったとして、解放同盟佐賀県連から糾弾を受けた。「差別発言」があったのは、九七年三月二七日、佐賀青年会議所が主催し、佐賀市内で行なわれた「国際空港のある佐賀広域圏シンポジウム」の席上。コーディネーター役を務めていた佐賀新聞社社長・中尾清一郎が、次のような発言をした。

「しばしば佐賀というのは福岡から下に見られるといいますか、福岡人が士農工商の『商』であるならば、佐賀は『えた・ひにん』であることによって、東京コンプレックスを昇華するようなところがあるのではないか……」（『佐賀新聞』九七年六月一日付）

そして解放同盟から、「えた・ひにん」という比喩が「差別発言」と断定された。

友達とふざけていたときの中学生の発言や公衆トイレの落書きが記事になるくらいだから、新聞社社長がここまで言ってしまえば、解放同盟から追及を受けるのもしかたがない。

県連の指摘を受け、社長が「私自身は差別意識は全く持っていないつもりでいましたが、潜在意識の中に差別意識があって、こういう発言につながったと反省していま す」（同五月一〇日付）と謝罪記事を出したが、これで一件落着とはいかなかった。

同年六月四日の解放同盟による事実確認会を経て、七月四日に、副知事、青年会議所役員を含む一五〇〇人が参加する糾弾会が開かれ、追及を受けた。社長は「今回のことで厳しいおしかりや社会的制裁を受けたが、いわれなき差別にさらされ続ける人たちの苦しみとは比べようもない」と反省の言葉を述べている（同七月五日付）。

解放同盟の糾弾は、この後も続く。

並行して、社長は青年会議所理事長ともども二日間にわたり、同盟中央本部職員の案内で「同和問題研修の一環で、部落差別の典型といわれる『狭山事件』が起きた埼玉県狭山市で現地研修」を受け、狭山事件の元受刑者にまで会いに行かされている（同一〇月二五、二六日付）。

ザンゲ、屈服した新聞社の「行く末」

「差別事件」発覚後、同紙では、同和地区住民がいかに傷ついたかということを強調する部落問題報道が盛んに行なわれるようになっていく。

社長はもちろん、全社挙げての解放同盟に対する総ザンゲ、全面降伏状況に陥ったわけだが、こんな報道機関の「行く末」を示すエピソードをいくつか紹介しよう。

その一。解放同盟によって「差別事件」が認定されると、その責任の所在は無限に拡大されていくのが常だ。佐賀新聞社社長のケースでは、発言のあったシンポジウムを主催した青年会議所ばかりでなく、佐賀県や佐賀市、唐津市などの市町村にまで責任がなすりつけられている。シンポ当日には各自治体職員が参加していたが、「(彼らが)見過ごしたのは差別だ」というむちゃな理屈である。

ところが、県はすぐに責任を認め、「事件」公表直後、知事自ら、解放同盟と全日本同和会事務所に足を運んで詫びている。『佐賀新聞』の記事では、この行動に一片の疑問も呈されることはない。

その二。事件以降、糾弾会がいかに学びの場であるかを印象づける記事が次々に掲載された。そのなかで、同県東松浦郡内の中学生が同級生に「差別発言」を行なったという理由で開かれた糾弾会の様子を報じる記事がある(同六月二三日付)。当日、住民九〇〇人の前で、「なぜそんなことを言ったのか」などといった教師による生徒への聞き取り調査の内容が報告された。当日の模様は町広報誌にも掲載された。糾弾会は六時間にも及んだという。たとえその生徒がどれほど悪質な言葉を吐いていたとしても、これはひどすぎる。しかし、記事はこの糾弾会を「町民と一体になった差別解消への決意を示した」と讃えるのである。

その三。「差別事件」から二年後、非常事態が持ち上がる。佐賀新聞社社長追及の先頭に立っていた解放同盟佐賀県連委員長が、同盟支部の預金を担保に個人的な借金をしたり、同和事業を悪用した不正行為を行なっていたことが判明したのだ。委員長は解放同盟から除名されてしまい、委員長が所属していた支部役員会も、中央本部により解体された。

「差別されたものの痛み」云々と大勢の県民を糾弾する裏で、不正行為を働いていたのだ。より激しい批判がなされて当然だが、『佐賀新聞』にはこのとき、そのような判断力は残っていなかった。それどころか、「県内では……人権を共通の課題として考える機運が生まれている。その流れに水を差してはならない。部落解放同盟の社会的使命は大きく、組織の立て直しと、開かれた運営が求められる」（九九年四月一日付）と励ます始末だ。

一〇〜二〇年前ならともかく、今もこんなことが、差別をなくすという崇高な目的と信じられて報道されているのだから、呆れかえってしまう。

記事ではときおり、糾弾会は暴力的ではない、整然と行なわれています、と注記されるが、いかに穏やかな雰囲気で、あるいは少人数で実施されたとしても、問題の本質は変わらない。解放同盟による糾弾行動の一番の問題点は、何が差別かを決めるのが解放同盟であるということ、そして被糾弾者が彼らの満足のいく言葉を吐くまで、追及が続けられるということだ。それが前提となっているかぎり、両者の溝は埋まらない。

良識派ジャーナリストの加担①——批判は「ねたみ」「逆差別」論なのか

同和行政と解放運動のダーティーな面を冷静に認識できないのは、マスコミという機構だけでなく、著名なジャーナリストにも共通して見られる傾向である。彼らは、一般には「良識派」と目されているだけに、実像とはかけ離れた解放同盟像を生み出す役割を果たしている面がある。

読売新聞大阪本社元社会部長で、退社後も一貫して反権力、あるいは庶民の側に立った言論活動をしてきたフリージャーナリスト黒田清も、その一人だ。関西では非常に人気があった黒田は、晩年（二〇〇〇年没）、政治的には共産党が推薦する革新候補の支援などを積極的に行なっている。部落問題に関する発言も多かったが、解放同盟に対しては明確に批判することはなかった。
解放同盟の過激な糾弾闘争が「いま解放運動をすすめていくうえである意味での障《しょう》碍《がい》になっていると言える」と指摘する一方で、こんなおきまりの擁護論を展開するのである。
「解放運動を批判したり、敵対する人たちの言い分は『逆差別』論である。たとえば、同和行政によって被差別部落の人たちの生活がある程度改善される。その結果、被差別部落でない人たちに『彼らばかりが得をして、自分たちの生活のほうがひどい』というような不満が出てくる。……私は、こういった現象は運動の過渡期に起こりがちなものだと思っている。たとえば一時的に被差別部落の人たちが得るべき利得以上の利益を得たとしても、それまでの不当な生活からみてええやないかという考えである」（『日刊スポーツ』九九年五月二八日付）
たしかに、同和施策が「逆差別だ」と感じている人も多いだろうが、現状の問題はそんな点にあるのではない。合理性に欠ける同和対策事業の継続が、地区住民の暮らしを「施策漬け」にして、自立を阻むと同時に、市民には不信感を抱かせ、地区内外に垣根をつくることになるという点が重要なのである。たとえば、京都市の同和地区内有業者のうち四〇％以上が公務員（大半が京都市職員）であることは別項（四五頁）で述べた。運動団体にコネがあれば市職員になれるとなれば（しかも、周囲の多くもそのルートでの京都市入りを考えている)、卒業後の進路を安易に考える子どもが増えてしまうのは、当然の結果だろう。

本人の所得水準に関係なく、「同和」という理由だけで家賃、保育料が安く抑えられる(しかも、滞納しても黙認してくれる)。同和奨学金も、京都市が黙って返済を肩代わりしてくれる。こんな状況が何十年も続けば、住民の経済感覚はいったいどうなるか、想像してみるといい。

また、そういった実態を間近で目にした地区外住民がどう感じるか。そのうえ、こと「同和」に関しては、行政側も市民の批判に過敏に反応してくる。同和行政のあり方を疑問にもつ市民は、「差別者」にされてしまいかねない(私自身、取材の中で何度そういった意味のことを言われ、悔しい思いをしたかしれない)。地区外住民が解放運動や同和行政に対してもつ反感、不信は、単純に「ねたみ」「逆差別」意識という言葉でくくれるものではないのだ。

良識派ジャーナリストの加担②――糾弾を受けるのは有益なのか

ニュース番組司会者で知られるジャーナリスト筑紫哲也は、八九年、自らが司会を務めている番組中、殺人現場の説明で「屠殺場だ」と比喩したことを「重大な差別発言」ということにされてしまい、屠場労組などによる九回に及ぶ糾弾会に引っ張り出された経験をもっている。はじめ筑紫は、差別の意図はなかったと釈明していたが、参加者から激しい罵声や怒号が浴びせられた。糾弾会には毎回一〇〇〜二〇〇人の参加があり、回によっては長時間にわたる拷問会の様相だったという（山中央『新・差別用語』汐文社）。

九三年、筒井康隆の「断筆宣言」を契機に、解放同盟などによる激しい糾弾闘争や「言葉狩り」とも言える「差別事件」のでっち上げ、メディア側の自主規制が大きな議論になった。このとき、過去に激しい糾弾にさらされた経験をもつ筑紫は、糾弾を受けることについて次のような発言をしている。

「（屠場労組と）討論して感じたのは、討論の経験は表現者のためにもなるということです。……糾弾が戦術として賢い方法であるかについては留保はありますが、現実を見ていると、糾弾以外に手段をもたない被害者側としては、やむを得ないだろうと思う」（『週刊金曜日』九四年五月二七日付）

解放同盟などの糾弾闘争はよく勉強になるし、それは正しい行ないだと賞賛しているわけだ。

繰り返し言おう。糾弾では何も解決されない。一方的に「差別事件」と断定され、自分のプライバシーに関わる部分も含めて洗いざらい詮索され、衆人環視のなか、さらし者にされたうえで自らの「差別性」を指摘され、それに全面的に屈服させられてしまう。こんなひどい目に遭うのだったら二度とあんなことは言わないでおこうと誓っても、「お前の発言で差別を受けた、傷ついた」と糾弾してくる相手と、その後、対等な人間関係が結べるとは思えない。第一に、関係などいっさいもちたくないと思うだろうし、たとえもったとしても、おびえと憎しみを内向させた主従関係が関の山だろう。いったいそれで何が解決されるのか。

著名なジャーナリストであるからこそ、糾弾容認発言の影響を考えてもらいたいものである。

六九年の同和対策事業特別措置法によって、「被差別性」がある種の資源になる事態が生まれた。それは部落問題の解決のための同和対策事業を推進していくうえで必然的な現象だったが、事業の拡大にともない、運動団体はその資源を元手に「プチ権力」の地位に駆け上がっていった。にもかかわらず、いまだマスコミや、少なくない数のジャーナリストは、解放同盟が「弱者」であることに疑いをもたず、彼らの言動を全面的に正しいものだと信じ、彼らの声にこそ耳を傾けようとする。解放同盟に不利益をもたらす意見、情報は、差別に手を貸すものと考え、聞こえなかったふりをし続ける。かくして、他者から監視、批判を受けない「プチ権力」は、いっそう腐敗の度を深めていくことになっていったのである。

うやむやにされる解放同盟の「差別事件」

最後に、解放同盟自身が引き起こした「差別」事件を紹介しよう。

解放同盟中央本部の出版部門・解放出版社が発行する機関誌『部落解放』九六年一〇月号に、四ページにわたる「おわび」記事が載っている。同誌九三年一月号の外部執筆者による記事のなかに、「生存者の証言によれば、政府軍は、多くの住民を銃や刃物で殺した後、老人や女性や子供を家に入れて鍵をかけ、そこに火を放った。ロガングの『集約村』は『火葬場』と化した」との記述があるが、これは、「斎場とそこに働く人びとへの偏見がいまも日本社会に存在する状況のもとでは、これは明らかに差別表現であり、その偏見と差別を助長する」として詫びているものだ。

同誌編集部は、横浜市民生局同和対策室から人権上問題だとの指摘を受けて、初めて気づかされた。その後、横浜市衛生局、同民生局同和対策室、解放同盟神奈川県連合会のメンバーと、編集部、記事執筆者とが話し合い、市営斎場も見学して学習を深めたとのことである。

前述した筑紫哲也の「屠殺場」発言と同様の事件である。また、特定の仕事現場や歴史的な賤民身分用語を比喩として使う点では、佐賀新聞社社長や同県東松浦郡の中学生の例と同じ性格をもつものである。

『部落解放』のこの「火葬場事件」は、これらの「事件」より、見方によればはるかに重大といわなければならない。全国各地で差別糾弾闘争の先頭に立っている団体機関誌が「差別事件」を起こしたのだから、マスコミや中学生の例以上の措置を自らに科してもいいくらいである。

通常の解放同盟自身の基準だと、だいたい問題の記事掲載から四年近くも経った後で、のこのこと「謝罪文」を載せるなど許しがたいことだし、当然、同誌編集部だけの問題にとどまらず「差別行為の責任」は解放同盟中央本部全体に及ぶはずである。ところが、中央本部はもちろん謝罪するわけでもない。編集部が糾弾会に引っ張り出され、怒号を浴びせられることもないのだ。編集部は、斎場に行って学習を深めたというが、どんな学習を何回やったのか、何も明らかにされない。これから斎場労働に対する差別問題を編集企画に反映させていくので、我々のことを「見守っていただきたい」と言って済ませている。実にのんきなものである。

『部落解放』編集部も解放同盟中央本部も、自分たちが繰り返してきた糾弾闘争なるものがなぜ理不尽なものなのか、この事件をきっかけに気づいてほしかったのだが、もちろんそんな感性はなく、今もトイレの落書きや子どもの発言などをネタに、行政や学校を締め上げていることは、これまで述べてきたとおりである。

（文中、敬称略）

【まちづくり、NPO、人権啓発事業】

部落解放同盟の新たなる「利権戦略」！

一ノ宮美成＋寺園敦史

この（二〇〇二年）三月末、同和対策のための特別法が期限切れを迎えて消滅する。一九六九年に「同和対策事業特別措置法」（同特法）が施行されてからというもの、同和対策事業が巨大な利権の温床になってきた事実は、繰り返しふれてきたとおりだ。

総務省地域改善対策室が発表した文書「今後の同和行政」は、同和対策（特別対策）を終了させる理由として、次の三点を挙げている。

①特別対策は、本来時限的なもの。これまでの膨大な事業の実施によって同和地区を取り巻く状況は大きく変化した。
②特別対策をさらに続けていくことは、差別解消に必ずしも有効ではない。

③人口移動が激しい状況の中で、同和地区・同和関係者に対象を限定した施策を続けることは実質上困難。

①について言えば、たとえば大阪府の場合、この三三年間（二〇〇二年現在）で、総額二兆八一一六億七九〇〇万円もの予算が投入され（府・市町村の合計）、その結果、生活・教育・就労などの面で、一般地区と同和地区との生活上の格差は基本的に解消された。むしろ、同和地区ばかりが優遇される逆差別が生じてきたことは、別項（二八七頁）でも述べたとおりである。

たしかに同和地区の実態は、ずいぶんと様変わりしている。二〇〇〇年度に大阪府が実施した実態調査を要約すると、次のようになる。

●同和地区から他地域への転出、他地域から同和地区への転入（来住）が急激に進み、混住が進んでいる。
●二〇〇〇年度の調査では、来住者は五四・二％を数え、原住者の数を超えている。同和地区は事実上、消滅へと向かっている。
●もっとも困難な問題とされてきた「結婚差別」についても、地区内外の結婚比率が七一・五％（二五～二九歳）に達するなど、「超えがたい壁が着実に切り崩されている」。

こうした流れに加え、特別法の失効によって、「同和地区」「同和関係者」という概念そのものも、行政的には消滅することになる。同和地区が消滅する方向に向かっているのならば、その〝解放〟をスローガンに掲げてきた最大の運動団体、部落解放同盟の存在理由もなくなるのだが、巨大な利権、公金を独占してきた解放同盟は、このままますんなりと〝店じまい〟するのだろうか。

さらなる「差別探し」

二〇〇一年三月、大阪市内で解放同盟全国大会が開かれた。そこでは、特別法消滅以降の方針が次のように確認されている。

「これまでの『同和』行政の成果をふまえ人権行政を創造し、その重要な柱に『同和』行政を位置付けていくためのとりくみを本格的に展開していく」

この方針は、裏を返せば、「法」失効で特別対策としての同和行政はなくなるが、これからは、一般行政の中で同和行政を続行せよ、と要求しているに等しいものだ。ならば、こうした主張の根拠は何か。それは、いまだに部落差別は根強く残っている——に尽きる。たとえば、大会の基調報告では、その証拠として地区住民の就学状況や経済的な生活水準などが全国平均に比べていかに劣っているかをあげている。たしかに同和地区の不就学者の比率は三・八％と、全国の〇・二％と比べると高いといえるが、就学状況は若年層になるにしたがって改善し、その格差は狭まっている。また、生活保護受給世帯の比率も高いのは確かだが、しかしそれは、全国の同和地区に一様に見られる現象ではないし、同じ府県内にあっても、市町村によって、その比率には大きなばらつきがある。さらに、同じ地区内でも住民の経済状況は多様である。そうした数字は、まったく無視されている。

つまり、現時点で残る格差は、今後も固定的に残るものとはいえないし、すべての同和地区に共通して見られる現象でもない。その格差が部落差別の結果生じているものかどうかは判然としないし、まして、同和地区限定の行政措置を行なわなければならない根拠にはならない。むしろ、一般的な福祉対策、高齢者対策、あるいは都市問題として対処すべきものだろう。

また解放同盟は、深刻な差別の具体例として、民間企業が社員採用の際、興信所を使って身元調査をしていることを、ここ数年、盛んに問題視してきた。興信所の身元調査自体は、珍しいことではないだろう。肝心なのは、「部落」を理由にした就職差別が普遍的に存在し、それを是認する社会状況が今も存在するのかどうか、ということである。

加えて、いまだに残る「差別の実態の特徴的な点」として、パソコンやインターネットの普及率まで持ち出している。

「パソコンの普及率は、全国の世帯普及率が三八・六％に対し、部落の場合は一六・九％と半分以下の状況です。またインターネットの利用状況は、全国の個人利用率が二八・五％に対し、部落は一四・四％とやはり半分という水準です」

なるほど、社会全体の情報化が進むのに伴い、パソコンなどの情報通信技術を使いこなせるかどうかで、情報格差、一種の階級分化が生じる「デジタル・デバイド」の問題が取り沙汰されていることは事実だ。しかし、いくらなんでも、「デジタル・デバイド」と「部落差別」とは関係ないだろう。「俺の家にパソコンがないのは、部落差別だ」という主張に、誰が耳を傾けると思っているのだろうか。

今やパソコンの保有、インターネットの利用などは、経済的、年齢的な問題もさることながら、個々人の必要性、嗜向性によるところも無視できないのだ。

まったく別次元の問題を新たな施策要求の根拠として認めてしまえば、永久に同和対策事業を続けていかなくてはならない。

同和地区内のマイナス面はすべて差別の結果で、行政にはこれを解決する責務があると迫って事業を要求する――解放同盟は、数十年前の「行政闘争」の論理をまだ、捨て去っていないのだ。ことさらに「弱者」の立場を強調して、これから先も行政から何とかモノとカネを引き出す、つまり利権を温存させようとする意図がみえみえなのである。

とはいうものの、国の財政的な裏付けがなくなるのだから、「特別対策法」時代のような巨大事業は期待できない。利権のパイが小さくなっていけば、運動の組織力も低下していくはずだ。

解放同盟大阪府連の全同盟員を対象にした調査によると、「同盟員になった契機」は、「経済的要求と『なんとなく』的な層で七割を超えている」（『解放新聞大阪版』九六年二月一二日付）という。組織の拠点、大阪でさえこんな状況なのだ。

特別法の消滅（二〇〇二年四月）以降、甘《うま》みが期待できない運動への求心力は弱くなるはずで、さすがの解放同盟も、県連によっては急速に衰退していくことが、同盟関係者の間でも予想されている。

新しい「同和」優遇策

一方で、京都や大阪など、いまだに運動の力を強力に維持している府県連では、「法」失効後をにらんで、数年前から生き残りのための備えを進めてきている。彼らが、今後の「同和事業」を引き出す「資源」としてもっとも重要視しているのは、「まちづくり」と「ＮＰＯ」である。

二年前（二〇〇〇年）の一月、京都市北区の同和地区・千本《せんぼん》地区の隣保館（同和地区内の多面的な行政サービスを行なう市の出先機関）館長から、こんな自慢話を聞かされた。

「今進めている改良住宅の建て替えは、京都市としてはもちろん、全国的に見ても珍しい試みです。今後、全市の改良住宅建て替えのモデルパターンとなっていくでしょう」

京都市は、今から四〇年以上も前から、それまでの劣悪な同和地区の住環境を改善するため、市営住宅（改良住宅）の建設に着手した。全国的に同和行政が本格化した六九年の同和対策事業特別措置法はもちろん、同和地区の環境改善に大きな力を発揮した六〇年制定の住宅地区改良法よりも早い、先進的な事業だった。

その改良住宅が、老朽化し、今後相次いで建て替え時期を迎えていくが、ごく初期に建設された千本地区の二棟《むね》が、その年の夏、市内第一号として建て替えられることになっていた。

隣保館長が自慢した「モデルパターン」となる試みというのは、建て替えにあたって、誰がどの部屋に入居するか、その間取りはどうするかということをはじめとして、入居者の要望を大胆に取り入れた設計案を、地区住民自身がまちづくり団体を設立して練り上げ、それを京都市に提案するというものだった。

そしてこの方法は、これから建て替え時期を迎えていく各地区でも取られていく予定だという。実にけっこうなことである。

しかし、ここには致命的な瑕疵《かし》があった。京都市は地区外の一般の市営住宅建て替え時に、この方法を採用するつもりはないということだ。千本地区の建て替え計画が始まった当時（二〇〇〇年）、一般の公営住宅を担当する都市計画局住宅建設課の話では、「今のところそういう方式を取り入れられる予定はまったくない」ということだった。つまり、千本地区の二棟の建て替えは、同和地区を特別扱いする事業を今後も続けていくことの宣言だったのである。

状況は現在も変わっていない。都市計画局関係者はこう言う。

「局のトップは、同和地区でやっている住民参加のまちづくりを全市のモデルケースにするんだと、表向きには今でも言っているが、コンサルタントを派遣したり、まちづくり組織設立を援助したりと、一般の公営住宅でもそんな態勢がとれる状況にはさらさらない」

並行して京都市は、地元のまちづくり団体の提案を受けて、千本地区内に「持ち家分譲住宅」の建設を決めている。

二年前、京都市がこれら同和地区のみを対象にしたまちづくり計画を進めていることを私が知ったとき、今どき「同和」を特別扱いした新たな事業など実施できるわけがない、早晩、議会や市民の批判に遭って頓挫《とんざ》するだろうと、タカをくっていたが、その見通しは甘かった。

京都市はその後、市内の全同和地区について、民間の都市計画プランナーなどの専門家に依頼して、住民参加のまちづくり計画を全面支援している。加えて現在では、住宅政策だけでなく、市内全同和地区に、医療や福祉、保健に関する支援活動を行なうNPOを設立する計画も、行政と解放同盟との連携によって進められている。「同和」の名こそ冠しないものの、新規の特別行政は着々と進められているのだ。

繰り返し言おう。入居者の要望を取り入れた住宅の設計や分譲住宅建設などにより、多様な住宅を供給したり、NPOなどを設立して、住民参加のまちづくりを行政が支援、促進すること自体は、どれも批判されるものではない。問題なのは、「同和地区限定」だということだ。根拠のない特別扱いは、地区内外に溝をつくる結果を招く。

さらに問題なのは、計画はすべて、京都市と解放同盟との協議の席上だけで練られていることだ。市議会にもその論議内容は明らかにされず、協議に関する公文書も公開されていないのだ。

NPO化で温存される利権構造

大阪府では、京都市などよりさらに周到に、しかも大きなスケールで、法期限切れ後の「利権戦略」が進行している。

たとえば、大阪府和泉市。ここでは九九年九月、部落解放同盟和泉支部がNPO法人「ダッシュ」を設立した。支部書記長が理事長を務め、社員一〇人全員が、解放同盟支部執行委員。このNPOは、事実上、解放同盟和泉支部そのものと言っていい。

しかも、このNPOこそ、これまでどおり行政からモノと金を吐き出させるための受け皿にほかならない。翌二〇〇〇年四月、和泉市は「ダッシュ」に対する人権啓発業務の委託計画を発表する。まず、二〇〇〇年に自治会別人権研修事業を委託。翌二〇〇一年には新規事業として、「解放総合センター」「幸青少年センター」に人権啓発研修事業費として約五五〇〇万円を委託した。

また、大阪市西成区では、「西成地区まちづくり委員会」を設立して、特別養護老人ホームやコーポラティブ住宅、福祉人材センター、市民自立センターなど、次々と新しい施設をつくっている。委員会の委員長は解放同盟西成支部長で、世話人には、同和事業促進西成地区協議会長と並んで、地域の自治会連合会長なども就任。参与には、大阪市都市計画局計画部長、同和対策部長、西成区長が名前を連ねるなど、解放同盟主導の団体、街づくりになっている。

この計画は、法期限切れ後の大阪府の同和特別事業の一つ「人権のまちづくり構想策定事業（まちづくり相談事業）」の先進例ともいえるものだが、内実は依然、利権がらみなのだ。

大阪市の関係者が、西成地区のまちづくりの実態について語る。

「委員会などでは、特定のコンサルタント業者がアイディアを出し、地元で名の通った同建協業者とその関係会社が地上げした土地を、大阪市が高値で次々と買収し、そこに施設がつくられるという仕組みになっている」

九九年九月、高値買いが府議会で問題になったレンダリング施設（化製場集約化工場＝牛の骨や皮を加工する工場）用地もその一つである。市は不必要な土地を買い込みすぎたため、土地の有効活用を装って、公園や駐車場にしているところもある。施設の建設を請け負った同建協業者は、市営住宅の建設工事や公園、学校の補修・改修工事など、公共事業を独占的に受注してきたが、自社に工事をする能力はなく、すべてほかの業者に丸投げしているという。

前述の関係者は、「運動団体の一部役員と大阪府・市、特定の地上げ業者や名ばかりの建設業者、それにコンサルタント業者の三位一体となった癒着構造ができあがっていて、公費によるまちづくり予算の食いつぶしにすぎない」とも語った。

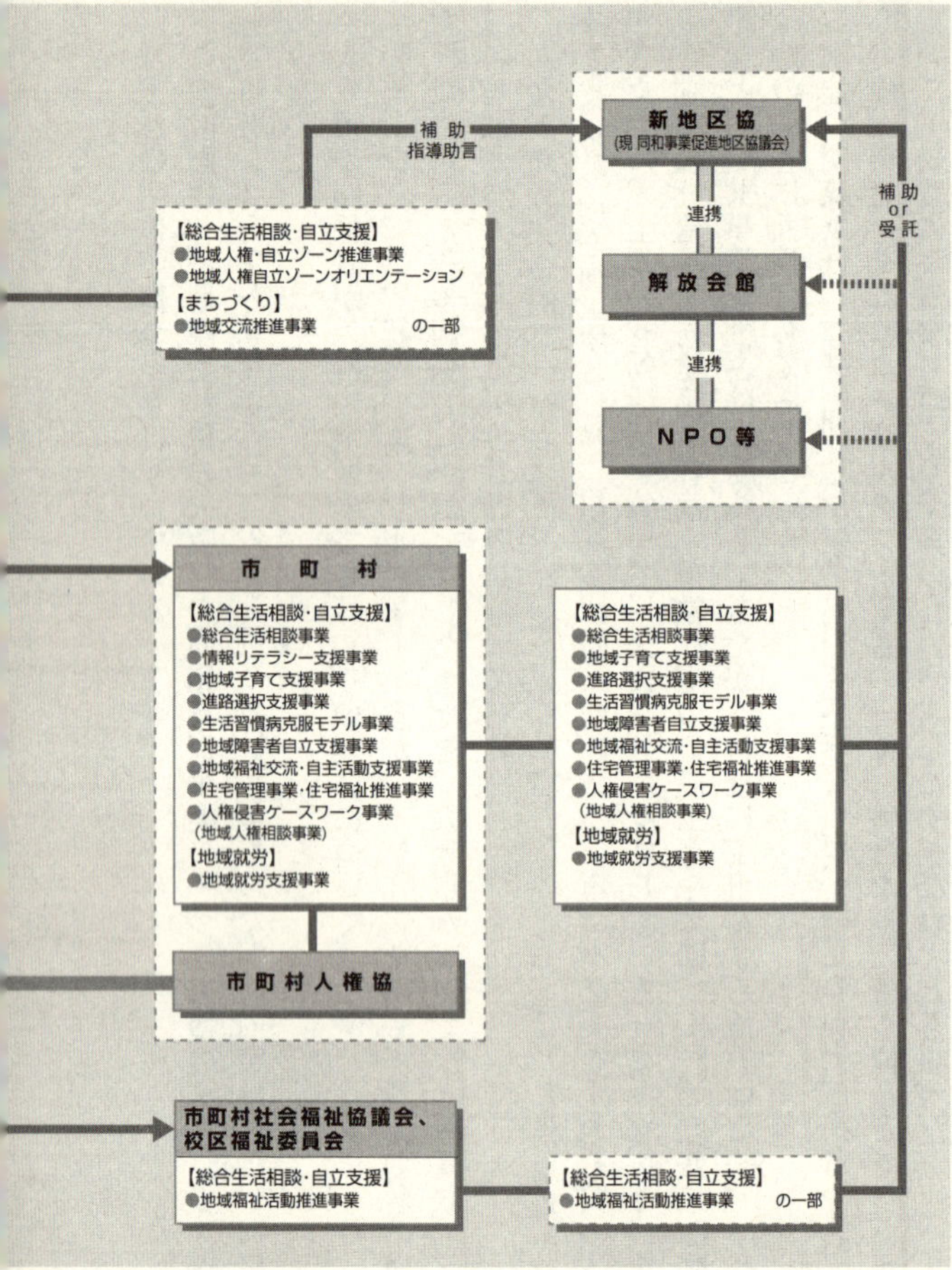
補 助
指導助言
新 地 区 協
(現 同和事業促進地区協議会)
連携
解 放 会 館
連携
N P O 等
補 助
or
受 託
【総合生活相談・自立支援】
●地域人権・自立ゾーン推進事業
●地域人権自立ゾーンオリエンテーション
【まちづくり】
●地域交流推進事業 の一部
市 町 村
【総合生活相談・自立支援】
●総合生活相談事業
●情報リテラシー支援事業
●地域子育て支援事業
●進路選択支援事業
●生活習慣病克服モデル事業
●地域障害者自立支援事業
●地域福祉交流・自主活動支援事業
●住宅管理事業・住宅福祉推進事業
●人権侵害ケースワーク事業
(地域人権相談事業)
【地域就労】
●地域就労支援事業
【総合生活相談・自立支援】
●総合生活相談事業
●地域子育て支援事業
●進路選択支援事業
●生活習慣病克服モデル事業
●地域障害者自立支援事業
●地域福祉交流・自主活動支援事業
●住宅管理事業・住宅福祉推進事業
●人権侵害ケースワーク事業
(地域人権相談事業)
【地域就労】
●地域就労支援事業
市 町 村 人 権 協
市町村社会福祉協議会、
校区福祉委員会
【総合生活相談・自立支援】
●地域福祉活動推進事業
【総合生活相談・自立支援】
●地域福祉活動推進事業 の一部

◆法期限後の同和問題解決のための施策システム（大阪府・2002年1月現在）

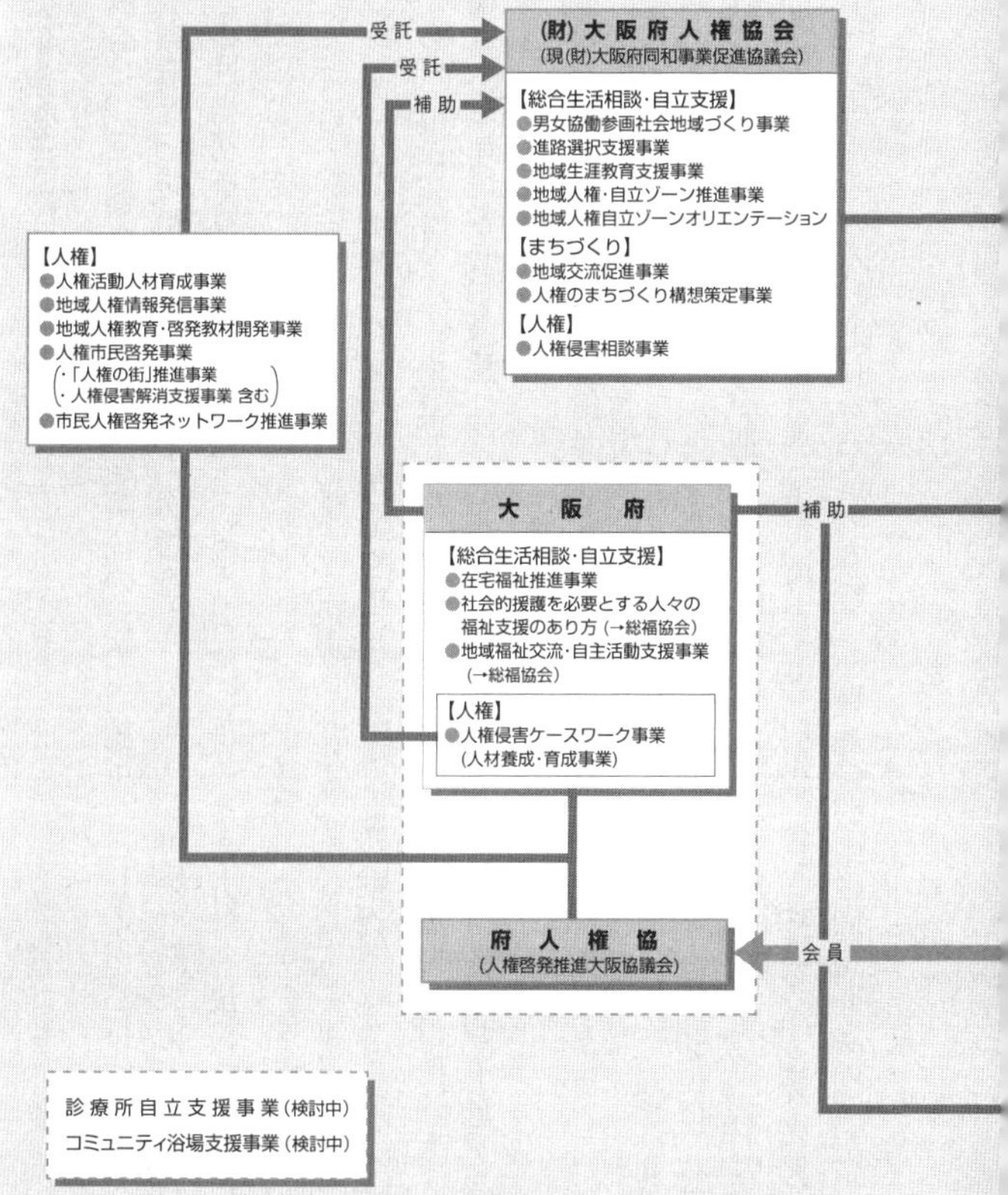

受託
受託
補助
(財) 大阪府人権協会
(現(財)大阪府同和事業促進協議会)
【総合生活相談・自立支援】
●男女協働参画社会地域づくり事業
●進路選択支援事業
●地域生涯教育支援事業
●地域人権・自立ゾーン推進事業
●地域人権自立ゾーンオリエンテーション
【まちづくり】
●地域交流促進事業
●人権のまちづくり構想策定事業
【人権】
●人権侵害相談事業
【人権】
●人権活動人材育成事業
●地域人権情報発信事業
●地域人権教育・啓発教材開発事業
●人権市民啓発事業
(・「人権の街」推進事業
・人権侵害解消支援事業 含む)
●市民人権啓発ネットワーク推進事業
大阪府
補助
【総合生活相談・自立支援】
●在宅福祉推進事業
●社会的援護を必要とする人々の福祉支援のあり方（→総福協会）
●地域福祉交流・自主活動支援事業（→総福協会）
【人権】
●人権侵害ケースワーク事業
（人材養成・育成事業）
府人権協
（人権啓発推進大阪協議会）
会員
診療所自立支援事業（検討中）
コミュニティ浴場支援事業（検討中）

中坊公平が会長に⁉

大阪府は、「法期限後の同和問題解決のための施策」として、名目は「一般施策」だが、実態は「同和地区」限定、「同和優先」の「三〇事業」を実施するために、二〇〇二年度当初予算案に約二二億三〇〇〇万円を投入する方針を決めている。

本書でふれてきたように、部落解放同盟による同和事業の独占、乱脈同和行政の元凶になってきた窓口一本化＝府同促（大阪府同和事業促進協議会）方式も、「人権協会」という新たな団体のもとで、存続させることになるようだ。この（二〇〇二年）四月から、「財団法人・大阪府同和事業促進協議会」に代わって「財団法人・大阪府人権協会」を発足させ、会長には、元日弁連会長・中坊公平の就任を予定する、という手の込みようである。

こうした動きについて、関係者はどう見ているのか。

部落解放同盟とは正反対に、「もはや『同和地区』はなくなっています。Uターン組を含めると、来住者は七〇％近くもいる。結婚は、『夫婦とも同和地区』は一〇組に一組強で、地区の瓦解現象が進み、同和対策事業は全廃すべき」と主張している、全国部落解放運動連合会（全解連）大阪府連の谷口正暁書記長は次のように言う。

「教育・啓発をやらなければならないとか、一般施策の中に同和問題の解決のための施策を持ち込むとかいうことになれば、同和だけは特別ということになり、かえって部落問題の解決を遅らせることになります。大阪府の新しい施策は、言い換えれば、『同和地区』を特定するもので、差別を固定化してしまうものです。当然、廃止すべきです」

谷口書記長によると、前述した「人権協会」は、「府・市の人権施策推進の中核機関」、「他の人権相談機関に対する助言・指導」を行なう機関として、大阪府から特別の権限を与えられる。法期限切れ後も、〝人権〟の名目で同和特別事業を継続するだけでなく、「人権協会」の名を使い、解放同盟が人権行政全般にわたって大きな影響力をもち、人権についての府民のさまざまな考え方や意見を押さえ込みかねない、危険なものになる可能性がある、という。

二〇〇二年度に実施される予定の三〇事業にしても、解放会館で事業を実施したり、部落解放・人権研究所に人権啓発指導者養成事業を委託したり、これまでの地区協をNPOに変更し、人権侵害相談事業を委託したりという仕組みになっており、看板を変えただけで、中身は変わっていない面が強いのだ。

解放同盟は、ここ大阪では、行政との癒着・利権構造を手放すことなく、法失効という組織始まって以来の難関を見事に突き抜けていた。

そしてゴーストタウンが残った

部落解放同盟の本拠地・部落解放センターがある大阪市浪速区。JR芦原橋駅付近に広がる同和地区には、高層の同和住宅が建ち並ぶ一方で、雑草が生い茂る空き地が目立つ。このあたりの人口は、七〇年の国勢調査では（浪速東・西で）八〇〇〇人だったものが、九五年には、四〇〇〇人にまで半減してしまった。

何があったのか。大阪市は、七三年から着工された「浪速区五つの建設計画」（解放会館、老人福祉センター、買物センター、栄小学校、青少年会館）と「まちづくり十ヶ年計画」に基づいて土地を買い上げた。解放同盟の要求により行なわれたことだが、それによって住民が立ち退いてしまったことが大きな原因の一つだった。一帯の総面積四四ヘクタールのうち、実に三一ヘクタール、七〇%が大阪市の市有地になったのだ。

こうした土地買い上げに加え、この約三〇年間に、浪速区の同和地区には七七億円をかけて建設された栄小学校などのデラックスな同和施設、対象人口を上回る同和住宅建設などに、あわせて一〇〇〇億円を超える事業費が投じられてきた。その結果、まるでゴーストタウンのような空き地だらけの街に変貌したというわけだから、いったいなんのための同和事業だったのか、ということになる。

「市同促は、福祉部門と事業部門を追加して、浪速区における大事業所の一つに数えられるまでに大発展した」

解放同盟幹部は、九七年の大阪府同和事業促進協議会総会で、こう言って大阪市同和事業促進協議会（市同促）の業績を自賛したという。

住民の流出と大量の空き地——この現実の何を指して、「大事業」と言うのか。

たしかに解放同盟は潤っただろうが、地区の惨状を目《ま》のあたりにすると、この三十数年間の同和対策事業とはいったいなんだったのか、知れようというものである。

関連略年譜

（敬称略）

1945

▼朝田善之助、松田喜一ら旧全国水平社幹部が、遊廓の島で知られる志摩・渡鹿野島で戦後の部落解放運動の再建を協議

1946

▼部落解放全国委員会（委員長＝松本治一郎）、京都で結成大会

1947

▼京都製靴株式会社（社長＝朝田善之助）、京都府・市の全面支援で設立

▼部落解放全国委員会京都府連結成（委員長＝朝田善之助）

1951

▼オールロマンス事件……これ以降、京都市独自の同和事業本格化する。
また、解放委（解放同盟）のその後の行政闘争のスタイル（ゆすり・たかりの原型）できる

1955

▼解放委、第一〇回全国大会で部落解放同盟に改称

1960

▼自民党の支援で全日本同和会結成（のちに分裂し、八六年、別に全国自由同和会が結成される）

1964

▼部落問題研究機関として京都市内に文化厚生会館できる

1965

▼同和対策審議会（総理府の付属機関）答申

▼解放同盟京都府連分裂

1966

▼文化厚生会館事件……解放同盟（朝田府連）

▼朝田善之助、解放同盟中央本部委員長就任

1968

▼大阪国税局長と部落解放同盟中央本部・大企連との間で「七項目の確認事項」合意
（六九年から近畿全域に、七〇年から全国でも適用される）

1969

▼矢田問題……解放同盟内の反朝田派排除進み、解放同盟は事実上、分裂。同和対策事業の「窓口一本化」はじまる。
▼同和対策事業特別措置法（＝同特法、一〇年間の時限立法）施行、同和対策事業はじまる
……これ以降解放同盟の行政闘争激化、また、全国各地で解放同盟支部設立進む

1970

▼大阪府同和建設協会設立
▼部落解放同盟正常化全国連絡会議（＝正常化連）を、解放同盟によって排除された府県連・支部が結成

1973

▼広島県戸手商高事件……解放同盟広島県連委員長小森龍邦ら同盟員四〇人が、
同盟の要求を拒否する同校の職員室に乱入、教員を四〇分にわたって暴行（のちに小森氏の有罪確定）

1974

▼兵庫県八鹿高校事件

1975

▼部落地名総鑑事件

1976

▼正常化連、全国部落解放運動連合会（＝全解連）に発展改組

1979

▼同特法、三年間期限延長

1981

▼広島県下で小学校校長の自殺事件相次ぐ

1982

▼同特法失効、代わって第二の特別立法＝地域改善対策特別措置法施行（＝地対法、五年間の時限立法）

１９８４

▼総理府の地域改善対策協議会が「啓発に関する意見具申」「行政の主体性の確保」「確認、糾弾の是正」「えせ同和団体の排除」などを明記し、国の同和行政大転換の第一歩となる

１９８５

▼解放同盟が、半永久法である「部落解放基本法」の制定要求国民運動を開始

１９８６

▼地域改善対策協議会が、「今後における地域改善対策について」と題する同和行政全般についての意見具申を提出。解放同盟の糾弾路線とそれに追随している行政の姿勢を全面的に批判

１９８７

▼地対法失効、代わって第三の特別立法＝地域改善対策特別事業に係る国の財政上の特別措置に関する法律（＝地域改善財特法、五年間の時限立法）施行

▼総務庁が「地域改善対策啓発推進指針」を各都道府県、関係者に通知。「啓発指針」は、「差別事件の処理にあたっては、糾弾に従うのではなく、法務省人権擁護機関に任せるのが妥当である」と指示

１９９２

▼地域改善財特法、一部改正（五年間期限延長）

１９９６

▼上田卓三、解放同盟委員長に就任

１９９７

▼地域改善財特法、基本的に失効。ただし「激変緩和措置」として限定した事業のみ五年間期限延長

２０００

▼人権教育・啓発推進法成立

２００２

▼地域改善財特法、完全に失効

本書は、二〇〇二年四月に小社より刊行された
別冊宝島Ｒｅａｌ＃０２９『同和権利の真相』を改訂したものです。

宝島社
文　庫

同和利権の真相①（どうわりけんのしんそういち）

2003年9月8日　第1刷発行
2004年5月22日　第4刷発行

著　者　寺園敦史＋一ノ宮美成＋グループ・K21
発行人　蓮見清一
発行所　株式会社　宝島社
〒102-8388 東京都千代田区一番町25番地
電話：営業 03(3234)4621／編集 03(3234)3692
振替：00170-1-170829 (株)宝島社
印刷・製本　株式会社 廣済堂

First published 2002 by Takarajimasha, Inc.

ISBN4-7966-3546-7